都市の景観地理

アジア・アフリカ編

阿部和俊編

古今書院

はじめに

　あらためて述べるまでなく、景観は地理学の最も古いテーマの1つである。しかし、私が学生時代に教養部から学部に進級し、地理学を専攻するようになった頃（1970年頃）、すでに景観は魅力のないテーマになっていた。つまり、卒論などにおいて景観に取り組んでいた仲間はいなかった。私の同級生だけでなく、前後数年にわたる先輩後輩のなかにもいなかった。その頃の『地理学評論』や『人文地理』などの学術誌を紐解いてみても、景観を真正面から取り上げた論文は、皆無ではないが少ない。そのことからみても、どこの大学でも状況は多分同じようなものであったろうと思われる。さらに言えば農村景観はまだしも都市景観の研究は本当に少なかったと思う。

　当時（1970年代初め）、私が専攻した都市地理学に限っていえば、景観論よりも機能論のほうが人気があった、というより評価が高かった。また、都市地理学は他の分野に比べて計量的手法を最も導入していた分野だったこともあって、計量地理学には向かない景観というテーマは片隅に追いやられていたといっても過言ではない。

　しかし今思えば、景観はおもしろくないテーマというより、難しいテーマなのである。少なくとも学部の卒業論文で取り組むには、余程いい対象を見つけない限り上手にまとめあげることは難しい。極論すれば、地域・社会・政治・経済・文化といった諸問題に対する深い知識を必要とするテーマなのである。換言すれば、ある程度の人生経験がものをいうテーマであるともいえよう。

　さらに言えば、目の前の景観だけでは、上手く、おもしろく語ることは難しいということでもある。数年あるいは数十年の変化を追求することができれば、それは相当に興味ある論を展開することができよう。もちろん、それを可能にする資料があればの話である。

　身近な例を挙げれば、私の生活圏である名古屋の都心の姿はここ数年で大きく変わった。また、故郷の北九州市八幡東区はすっかり変わってしまった。目に映るこれらの変化は表面的なものであるが、その背景には何があったのだろうか。何の理由もなく景観が変化することはありえない。

　都市の姿、すなわち景観の変化を、その背後の要因と関係づけて上手く説明できれば、景観というテーマも興味あるテーマになるのではないか。当たり前のことであるが、遅まきながら気がついた次第である。そこで、いくつかの都市を対象に、「景観の変化をその背後の要因と関連づけて解明する」というコンセプトで出版できれば、おもしろい読み物になると考え、執筆者を募った。

　話はそれるが、私は日本都市地理学会の創設を提唱し、2005年4月に旗上げをして、2006年3月に『都市地理学』の創刊号を刊行した。まず、この会員に上述の趣旨を提案し賛同者を募ったところ、30名近い人々が執筆の意志を表明して下さった。これは思いもかけない数であった。

　当初の予定は、こぢんまりとした1冊の本を刊行するという程度のものであった。しかし、執筆に手を挙げてくださった方々の得意なフィールドは日本にとどまらず、世界中の国々にまたがっていた。日本の都市についても、大都市から小都市までさまざまであった。そこで、日本の都市については、

いわゆる大都市と中小都市に分けることにした。

ところで、執筆の意志表示をして下さった方々には、上述の趣旨にもう一点付け加えさせていただいた。それは、「何よりも読んでおもしろい原稿にして下さい」ということである。「おもしろい」という言葉は誤解を招くかもしれないが、言うまでもなく、「興味深い」ということである。

そして、専門家が読んで納得するだけでなく、可能ならば、「地理好きの高校生が、これを読めば、将来、地理学を勉強したくなるような内容」、もしくは「大学1・2年生がこれを読めば、地理学を専攻したくなるような内容」にしていただきたいということをお願いした。逆に言えば、それ以外の条件はつけなかった。

高校における地理学を取り巻く状況は厳しいものがある。周知のように、しかも、その状況はさらに厳しくなる可能性すらある。しかし、我々の多くがそうであったように、たとえ漠然としたものであっても、地理学を勉強したいと思っている高校生（もしかすると、中学生）は少なからずいるはずである。そういう人々に是非読んでもらいたい。このシリーズを読んだ若い人を1人でも地理学に誘うことができれば、それは本当に嬉しいことである。

本シリーズの出版に際しては、古今書院の関田伸雄氏にひとかたならぬお世話になった。また、諸原稿のとりまとめと編集において、杉山恭子氏に多大なご尽力をいただいた。末筆ながら厚く御礼申し上げる。さらに、新聞記事ならびに写真の掲載の許可をいただきました関係諸機関に厚く御礼申し上げます。

『都市の景観地理　アジア・アフリカ編』の刊行にあたって

『都市の景観地理』シリーズの日本編1・2と韓国編が出たのは2007年であり、6巻目のイギリス・北アメリカ・オーストラリア編が出たのは2010年である。今回のアジア・アフリカ編の刊行まで7年もかかってしまった。多くの方にご迷惑をかけてしまったが、これでシリーズは完成である。全巻を通じて地理学的に楽しく読めることを目的として編集してきた。その目的は達成できたものと思っている。読者の方におかれましては大いに楽しんでお読みいただきたいと思っています。

阿部和俊

目　次

1 章　グローバル都市化するクアラルンプル―変貌する熱帯のメトロポリスのエスノスケープ―　　藤巻　正己…1
    1．多民族都市クアラルンプルの新たな〈多民族性〉の表出
    2．クアラルンプルのエスノスケープの変貌過程
    3．グローバル都市化するクアラルンプルのエスノスケープ
    4．外国人ツーリストの急増／フローするエスノスケープ
    5．「マハティールの街」クアラルンプルのゆくえ

2 章　インドの複層的都市景観―近代化と伝統的都市景観―　　由井　義通……13
    1．インド的景観
    2．独立前の都市景観
    3．デリー大都市圏の都市計画的景観
    4．郊外に形成されるゲーテッド・コミュニティ
    5．都市の中の村落景観
    6．インドにおける都市開発の課題

3 章　イランの石油城下町アーバーダーンの都市景観　　吉田　雄介……21
    1．イランの都市
    2．アーバーダーンの自然的条件
    3．石油の発見と石油産業の発展
    4．アーバーダーンの発展と破壊
    5．アーバーダーンの破壊

4 章　カサブランカ―フランス保護領時代の遺産をめぐって―　　荒又　美陽……30
    1．モロッコにおけるフランス統治の名残
    2．保護領時代の都市計画
    3．植民地遺産と観光化
    4．都市基盤の整備の先にあるもの

5章 伝統的交易・イスラーム都市ザンジバルと植民地体制下に建設された都市ナイロビ　水野　一晴……35
  1. アフリカの都市の類型化
  2. 伝統的交易・イスラーム都市ザンジバル
  3. 植民地体制下に建設された都市ナイロビ

6章 ジンバブウェ共和国ハラレ市にみるポストコロニアルアフリカの都市景観　飯田　雅史……44
  1. 南部アフリカの大都市ハラレ
  2. アパルトヘイトシティの空間構造
  3. アフリカ人居住区の景観
  4. ムランバツィナ作戦と都市行政

7章 ナミビアの首都ウイントフックの変遷と脱南アフリカの課題　藤岡　悠一郎……51
  1. ナミビアの首都、ウイントフック
  2. アパルトヘイトと都市景観
  3. 脱アパルトヘイトと南アフリカ企業の展開
  4. 南アフリカからの脱出と新たな都市景観形成の模索

8章 モーリシャスの都市特性—ポートルイスとカトルボルヌを中心として—　寺谷　亮司……58
  1. モーリシャス国について
  2. モーリシャスの都市分析と都市群動向
  3. 首都・ポートルイスの土地利用と居住住民特性
  4. 商業都市・カトルボルヌ

1章　グローバル都市化するクアラルンプル
―変貌する熱帯のメトロポリスのエスノスケープ―

藤巻　正己

1. 多民族都市クアラルンプルの新たな〈多民族性〉の表出

マレーシアが、「ブミプトラ」Bumiputera（マレーシア語で「先住民」を意味）と総称されるマレー人およびその他マレー系先住民族（67%）、移民集団の末裔としての華人（25%）やインド系（7%）、その他の数多くの少数民族集団（1%）から構成される多民族社会であり[1]、この〈多民族性〉が、19世紀以降の英領マラヤ時代に本格化した植民地支配の過程においてつくりだされてきたことは、よく知られている。1957年にマラヤ連邦として独立を果たして以降、ブミプトラの比率が増加する一方で、華人やインド系の割合が減少することによって民族構成は変化してきているとはいえ、マレーシアが依然として、マレー系・華人・インド系の「三大種族」や、「その他」約60ものエスニックマイノリティから成る多民族社会であることに変わりはない。しかし、1990年代以降、この国の〈多民族性〉は新たな変化を帯びるようになった。とりわけ、経済のグローバル化、国際ツーリズムの展開は、同国、首都クアラルンプル（以下、KL）のランドスケープ（都市景観 cityscape）を「錫の町からタワー＝シティへ」、「植民地期の辺境の入植地から現代的でコスモポリタンな都会へ」[2]と大きく変容させただけでなく（写真1・2）、出稼ぎ労働やビジネス、観光などさまざまな目的で流入する外国人の急増は、KLの〈エスノスケープ〉（ethnoscape）[3]をトランスナショナルな場景へと変質させることとなった。

本章では、旧英領マラヤの植民地首都から新生国家の首都へと変貌を遂げ、今やシンガポールやホンコンとともに東南アジアにおけるグローバル都市[4]、あるいは東アジアと中東イスラーム圏とを結びつける触媒としての役割をはたすようになったKLという「熱帯のメトロポリス」が、どのようにその〈エスノスケープ〉を変貌させてきたのかについて考察する。

2. クアラルンプルのエスノスケープの変貌過程

2015年現在、人口176万を擁するKLは、その最初期から英国による植民地開発と、それに伴う華人、インド系などのアジア系移民労働者の流入を背景とする多民族複合社会としての歴史を背負って今日に至っている。その間、各時代の状況を反映して、それぞれ特有の〈エスノスケープ〉を現前させてきた。以下、表1を参照しながら、

写真1　クアラルンプルのシティスケープ（2012年9月10日筆者撮影）

写真2　ブキット＝ビンタン界隈を快走するモノレール（2012年12月25日筆者撮影）

表1　クアラルンプルのエスニック集団構成比の推移：1891〜2010年（単位：%）

エスニック集団	第1期（植民地都市）			第2期（国家首都・首座都市）			第3期（グローバル都市）		
	1891年	1911年	1931年	1957年	1970年	1980年	1991年	2000年	2010年
マレー／ブミプトラ1)	12	9	10	15	25	33	37	38	42
華人	73	67	61	62	55	52	46	43	39
インド系	12	19	23	17	19	14	11	10	9
その他2)	2	5	7	6	2	1	6	1	1
外国人	--	--	--	--	*その他3)	*その他3)		8	9
合計（%）	100	100	100	100	100	100	100	100	100
合計（万人）	1.9	4.7	11.1	31.6	45.8	92.0 4)	126.2	142.3	167.5

（出典）藤巻正己「トランスナショナル都市化するクアラルンプル―変貌する熱帯のメトロポリスの民族景観―」『立命館地理学』19、2007年、3頁：第2表、および Department of Statistics, Malaysia, 2010.
注1）1980年以降、エスニック集団名称はマレーからブミプトラに変更。
注2）パンジャブ人（シーク）、タイ人、ビルマ人、ポルトガル人など。
注3）1980・90年時には「外国人」は、「その他」の中に含まれている。
注4）1970年に比べ、1980年のクアラルンプルの人口が大幅に増加しているのは、1974年にクアラルンプルが連邦直轄領に昇格するとともに行政域が拡大したことによる。

民族集団の構成比の推移状況にもとづいた時期区分を試み、それぞれの時期におけるKLの〈エスノスケープ〉の特性を粗描してみることとする。

[第1期] 英領マラヤ時代〜独立期：多民族複合社会的植民地首都の時代

KLは、19世紀に入ってから本格化した英国によるマレー半島への進出を契機にうまれた植民地都市としての歴史をもつ。

1880年、マレー＝イスラーム土侯国のスランゴール（Selangor）のスルタン王宮所在地がクアラ＝スランゴール（Kuala Selangor）からKLに遷り、さらに1896年、ペラ（Perak）、スランゴール、ヌグリスンビラン（Negri Sembilan）、パハン（Pahang）のスルタン国から成る英国保護領マレー連合州（Federated Malay States）の発足以来、KLは英領マラヤの植民地首都へとその地位を高めた。さらに1886年には、KLとマラッカ海峡に面するクラン（Kelang）港との間に錫などの物資を輸送するための軽便鉄道が敷設され、1920年代にはシンガポールとバンコックとを結ぶマレー鉄道が貫通したことによって、交通の要衝地へと発展した。この間に、1891年に1.9万人だったKLの人口は、1911年には4.7万人に、さらに英領マラヤが絶頂期を迎えた1930年代には11万人の一大植民地都市へと成長した[5)]（表1）。

こうしたKLにおける人口の増加は、土着のマレー人の増加によるものというよりも、19世紀以降本格化した英国による植民地開発に伴う、スマトラやジャワ、カリマンタンなど近隣の周辺諸島域からのマレー系諸民族（ミナンカバウ・ジャワ・ブギスなど）の移住、また、錫鉱山労働者（苦力（クーリー））としての広東・福建・客家などの華人や、鉄道・道路建設およびコーヒーや天然ゴムのプランテーション労働者としてのタミル人などインド系移民の流入に伴うものであった。

このように、英領マラヤ時代のKLは、華人やインド系などの移民集団が多数を占める移民集落、とりわけ「華人街」としての性格が濃厚であった。また、シンガポールやラングーンなど東南アジアにおける他の西洋植民地都市と同様に、KLの社会形態は人種・民族・宗教・言語集団別に「すみわけ」られた、ファーニヴァルのいう「複合社会」（plural society）としての特性をはらむものであった。すなわち、英国人などヨーロッパ人は、1897年に竣工した最初期の近代的建築物である植民地政庁やそれに面するパダン（padan：広場）を中心とした空間、およびその背後の丘陵地帯（住宅地区）が広がるクラン川右岸域を占有した。これに対して、華人はクラン川左岸のショップハウス（shop-house）から成る街区（チャイナタウン）を造り出し、鉄道関連部門に深く関わったインド系はKL鉄道駅南部のブリックフィールズ（Brickfields）や市街地北部のセントゥール（Sentul）の操車場や作業所付近に彼らのコミュニティを形成した。他方、マレー系は、錫の積み出し集落として出現したKLの発祥の地とも称すべきゴンバック（Gombak）川とクラン川の合流点の北部の範域に設けられた「マレー人保留地」のカンポン＝バル（Kampung Baru：新村）や、自然発生的に形成された縁辺地域の農業集落に定住した[6)]。

[第2期] マラヤ連邦独立以後〜1980年代：新生国家首都建設に伴うマレー人増加の時代

第二次大戦後、とりわけ国民国家としてのマラヤ連邦成立（1957年）後、さらに1963年にシンガポール・サ

バ・サラワクとのマレーシア連邦結成（1965年、シンガポールは連邦政府によるマレー人中心主義政策に反発して分離独立）後も、移民の流入が原則として禁止されたことなどから、マレー系人口が相対的に増大した。また、マレー人が政治的実権を握り、マレー人中心主義政策（国王はスルタン、国語はマレー語、国教はイスラーム、公務員の優先的登用などマレー人に対する特権の賦与）が推進されたことによって、KLはマレー＝ナショナリズムの磁場となり、マレー人のKLへの移住が促された。また、マレー＝ナショナリズムの興隆は、その景観表象としてのイスラーム的建築様式（モハメダニズム）をほどこした建造物や街区を顕在化させ、KLのランドスケープをマレー＝イスラーム的なるものへと変貌させることとなった。

マレー＝ナショナリズムの沸騰に対する華人の反発は、KLを舞台に「1969年5月13日民族衝突事件」（マレー人による反華人暴動）を誘発し、多数の死傷者を出すに至り、マレーシアは1年間、非常事態宣言下に置かれた。一方でマレー人中心主義政策を、他方では国民統合政策の推進を国家政策の最優先課題としてきた連邦政府は、マレー人の反華人意識を鎮静化することを企図して、1971年よりNEP（新経済政策）を断行した。同政策は、あらゆる貧困の解消、民族集団間の社会的不平等の解消を目的としたものであったが、実質的にはマレー人の社会経済的地位の向上を企図したマレー人優先政策（ブミプトラ政策）にほかならず、地方の貧困地域に居住するマレー人を都市経済部門に誘導しようとするものであった。そして、1974年の連邦直轄領への昇格時には、マレー人政府指導者は地方のマレー人に対して、新生国家の首都建設に寄与するよう、雇用機会や適切な住宅を用意しないまま、KLへの移住を呼びかけた[7]。

こうした連邦政府による一連の「マレー人の都市化」政策によって、マレー人が増加する一方で、民族衝突事件以降、華人やインド系の中層は、KL南西に建設された衛星都市のペタリン＝ジャヤ（Petaling Jaya）や郊外の住宅地域へ転出したため、KLは、次第に「移民都市／華人都市」的な様相から、マレー人をも含む「多民族都市」的なるものへと変容を遂げた。と同時に、地方からの移住者の流入をみた郊外地域では「スクウォッター（無断居住者）都市」と揶揄されるほどに、民族別すみわけをともなうスクウォッター集落、とくにマレー系のスクウォッター＝カンポンの拡大を招いた[8]。

［第3期］1990年代以降〜：外国人労働者・外国人ツーリスト急増の時代

マレー人の増加と華人の減少が継続する一方で、NIEs段階に到達したとみなされる1980年代半ば、とくに海外「資本蓄積の劇場」[9]と化した1990年代以降、マハティール元首相が唱導した「ルックイースト」政策のモデル国である日本など、諸外国からのビジネスマンや企業の駐在員（とその家族）が急増し、KLおよびスランゴール州の緑濃き丘陵や繁華街の近隣地区に外国人家族が集住する高級コンドミニアムや一戸建ての高級住宅地区が出現するようになった。

他方、経済のグローバリゼーションに好感したマレーシア経済の急成長、それに対応できない労働力不足と地元民よりも安価な外国人労働者への雇い主側の根強い需要は、インドネシアをはじめ、バングラデシュ・フィリピン・タイ・ベトナム・ネパール・ミャンマーなどからの出稼ぎ労働者の大量流入を招いた[10]。外国人出稼ぎ労働者は、外国人ビジネスマンとは対照的に、建設現場や工場の粗末な仮設宿舎か、就労先に近い市街地の路地裏の安アパートで共同生活をするという劣悪な居住環境のなかでの暮らしを余儀なくされた。断片的とはいえ、こうした新たな社会空間の表出は、KLのグローバル都市化、トランスナショナル都市化の空間的表象そのものであったと言えよう。

外国人労働者の実態に関する精緻なデータの入手は困難であるが、新聞報道によれば、1993年当時、マレーシア全体の労働力の13％にあたる105万3,400人もの外国人労働者が在留していることが確認されたが【*BT*：23 February 1995】、2015年には合法的な外国人労働者だけで213.5万人を数えるに至っている[11]。

他方、この時期におけるKLの〈エスノスケープ〉を考察するうえで、増加の一途をたどる外国人ツーリストの急増も看過できない。マレーシア政府は「観光立国」を目指して、1990年以降、幾度となく*Visit Malaysia Year*を、また1997年には*Malaysia：Truly Asia*キャンペーンを打ち出すなど、製造業に次ぐ外貨獲得源として観光セクターの振興策に取り組んできた。その結果、1987年にわずかに336万人であったマレーシアへの外国人訪問者数は、2015年には2,572万人を数えるに至っている[12]。

マレーシアにおける外国人ツーリス

トの主たる目的地は、KLを筆頭にペナンやマラッカなどが続くが、外国人訪問者数が約 2,460 万人を数えた 2010 年には、約 53％の外国人訪問者が KL とその隣接州のスランゴールを訪れている[13]。

外国人ツーリストの増大と、その送り出し国がシンガポールなど近隣の ASEAN 諸国からだけでなく、中国・インド・日本・英国・オーストラリアそして中東諸国などであるという多様さは、たとえフロー（通過者）もしくは短期滞在者にすぎないとしても、外国人ツーリストの流入が、KL の街路景観（streetscape）のみならず、ホスト社会住民の異なる民族への眼差しや心象風景（エスノスケープ）にも大きな影響を及ぼしていることは想像に難くない。

3. グローバル都市化するクアラルンプルのエスノスケープ

1. 外国人労働者の急増／緊張するエスノスケープ

油やしプランテーション産業や製造業の急成長と、KL国際空港やプトラジャヤ（PutraJaya：新行政首都）、サイバージャヤ（Cyberjaya：アジア版シリコンバレーの拠点）から成るマルチメディア＝スーパー＝コリドー（MSC）の建設などのさまざまなメガプロジェクトの同時展開に伴い、慢性的労働力不足問題をかかえてきたマレーシアは、インドネシア人など外国人労働力への依存度を高めることになり、1990 年代半ば以降、外国人労働者の数は急増した。

例えば、1997 年では就労ビザ取得者は全国で約 100 万人であったが、

写真 3　外国人労働者を顧客とする国際電話カードの販売店（2015 年 2 月 7 日筆者撮影）

不法滞在者を含めると外国人労働者の数は少なくとも 170 万人を数えた[14]。さらに、2003 年 5 月の時点で、同国内には合法的外国人労働者が約 120 万人就労しており、全労働者の 12％を占めるまでに膨張した[15]。そのうちインドネシア人（60％以上）が最多数で、次いでバングラデシュ人（25％）、フィリピン人（7％）となっており、タイ、パキスタン、中国、ベトナム、インド、ミャンマー[16]、ネパールなどからの出稼ぎ労働者の就労も確認された［Star：18 January 2004］（写真 3）。2010 年代になると、出身国の順位と比率に大きな変化が見られ、インドネシア人（44.2％）、ネパール人（17％）、バングラデシュ人（15.1％）ミャンマー人（8.2％）、インド人（5.5％）となっている[17]。

他方、外国人労働者が就労する主なセクターあるいは職業は、1990 年代では農業（プランテーション）が 29.6％、建設業 28.2％、家事サービス業（ハウスメイド）22.6％、製造業 16.9％、サービス業 2.2％であったが[18]、マレーシアの産業構造の変動を反映するかのように、2010 年代においては製造業 34.7％、農業 24.9％、建設業 20.0％、サービス業 11.9％、家事サービス業 8.5％[19] へと変化をみせている。ちなみに、農業・建設労働者としてはインドネシア人やバングラデシュ人、ハウスメイドはインドネシア人およびフィリピン人、コンドミニアムやショッピングモールの警備員にはネパール人、レストランや食堂・カフェの従業員にはミャンマー人が、他の出身国の労働者に比べて数多く雇用されている。

外国人労働者の膨張は、これまでとは異質な KL の〈多民族性〉あるいは〈エスノスケープ〉を表出させることとなった。すなわち、これまでも多民族社会に生き、エスニシティの差異を意識しあい、ときには民族間の対立感情を露わにすることもあった地元民も、自身の日常生活での体験によるだけでなく、報道などを通じて、外国人労働者に対して一様に、マレーシア社会に災いを起こす「厄介者」であるというネ

ガティブな眼差しを向けるようになった。例えば、不法就労者の摘発や、習慣上の不理解による地元民との軋轢[20]、国籍の違いや同じ国籍でありながら出身地やエスニック集団を異にする労働者間の抗争など[21]、外国人労働者をめぐる「問題」は、連日マスメディアを通じて報道されてきた。また、麻薬・マリファナ・窃盗・売春[22]・暴力事件などの犯罪が急増し、エイズや伝染病が蔓延するようになったのは外国人労働者の急増によるものだ、といった負のイメージが地元社会で広がり、定着するようになった。さらに、政府指導者の発言は、地元民の外国人労働者に対する脅威・反感・蔑視を助長してきたと言えよう。例えば、マハティール元首相は在任中に、同国の経済は過剰なまでに外国人労働者に依存していることの危険性について、次のように警鐘を鳴らしたことがある。

> マレーシアには外国人労働者が推定で170万もいるという。このことはマレーシアの人口・経済規模両面から見て、あまりにも外国人労働者に依存していることを示している。……外国人労働者の多くはインドネシア人であり、サバの刑務所には現地人を上回るフィリピン人が収容されている。マレーシア国内で根絶させた病気やウィルスを外国人労働者が持ち込んできている。さらに彼らはスクウォッター＝コロニーをますます過密なものにし、我々の文化に対抗する社会的文化的要素をもちこんでいる。……【*NSUNT*: 24 August 1997】

こうした負の言説に対して、外国人労働者に対する地元民の社会文化心理的葛藤について分析、考察した Azm Zehadul Karim ほか[23] は、一方的に外国人労働者のみを非難すべきではなく、彼らを必要とせざるを得ないというマレーシア経済社会の現実を直視すべきであり、雇用主の管理監督のあり方にみられる問題点や外国人労働者の就労・生活実態を知るべきであると論じている。また、「マハティール時代」を批判的に回顧したある論集のなかで、Lee Guy は、マハティール政権は2020年までに先進国水準に到達させることを目指すため開発政治を推進し、そのために安価な労働力を受け入れてきたことにより、マレーシアをしてさまざまな社会問題（移民政策のジレンマ）に直面させるようになったとして、マハティールの治政を厳しく指弾している[24]。

同様に、新聞紙上でもしばしば、マレーシアの経済社会が外国人労働者によって支えられているという現実を再認識すべきであるとの論評や読者による投稿も掲載されてきた。

> 1993年当時、マレーシア全体の労働力の13%にあたる105万3400人もの外国人労働者が国内に在留していたが、これによりわが国の保健、社会、経済、安全面における負担が大きくなってきている。1993年のマラリア感染者の15%、結核患者の11%、エイズ感染者の4%、らい病患者の3%が外国人労働者の罹患によるものと推測されている。また全国で外国人スクウォッターが増加してきており、スランゴール州だけでも5,400戸以上の外国人スクウォッターによる住居を数えた。教育面に目を転ずれば、外国人労働者の子供たちが5万人以上学校に通っている。……移民の増加は犯罪の増加にもつながっている。KLでは事態がいっそう深刻化しており、地元住民は市内の移民集住地区を避けるようになってきた。……しかし100万以上の外国人労働者をこの国から一掃することは容易ではない。……外国人労働者なしにはプランテーションはやっていけないし、工場の生産ラインはいきづまり、建設プロジェクトはお手上げになる。……いったい、共稼ぎ家庭の子供の面倒は誰がみるのだろうか。……【*BT*: 23 February 1995】

外国人労働者の賃金水準は低く、居住条件も劣悪である。例えば、インドネシアやバングラデシュからの出身者が多い建設労働者は建設現場内の仮設小屋（kongsi）で、インドネシア人やベトナム人などの工場労働者は、敷地内の寄宿舎や会社が借り上げた仕事場に近い近隣アパートの一家族用ユニットでの共同生活を余儀なくされている。また、レストランや食堂（日本食の店を含めて！）、カフェ、ホテル、マッサージ店の従業員として働くタイ人やミャンマー人なども同様に、仕事先に近い裏通りのアパートで、仲間とともに共同生活をしている[25]。さらに、雇い主から住居を提供されない者や不法入国・滞在者は、1990年代後半以降、低所得層向け高層アパートへの再定住化計画の進展に伴い、マレーシア人によるスクウォッター集落が減退していくなかで、既存のスクウォッター集落に居住したり、人目のつきにくい二次的密林などに不法移民集落をつくりだしたりもした[26]。

こうした外国人労働者が集住する〈外国人コロニー〉には、嫌悪・恐怖

といった地元民の集合的心象地理を表象するかのように、さまざまな蔑称が与えられてきた。例えば、「麻薬天国」という異名をもってKL住民の〈頭の中の恐怖地図〉に刻み込まれたあるインドネシア人集住地区は「ミニ＝ジャカルタ」【*MM*：9 February 1994】、竣工後もLRTの建設現場に残された飯場は「リトル＝インドネシア」とも「リトル＝バングラデシュ」とも呼ばれた【*MM*：29; 30 July 1998】[8]。そして、さまざまな国からの移住者が混住する集落は「ミニ国連」と命名されたものである【*MM*：15 March 1996】[27]。さらに、ベトナム人労働者が増加するようになった2000年代初めには、「ミニ＝ハノイ」と名づけられたベトナム人の蝟集地もKL郊外の工業団地に出現するようになった。

2010年代に入っても、政府や雇用主の外国人労働者への適切な対応の欠如をめぐって、地元民から手厳しい批判がなされるとともに、頻繁に不法入国・就労者の摘発が行われ、外国人労働者が関与する犯罪に厳罰が下されてきたにもかかわらず、外国人労働者をめぐる事態はいっこうに改善されていない。2012年7月には、マレーシアの英字日刊紙*Sun*がマレー語紙*Berita Harian*の同日付けの記事をもとに、「クランバレーは外国人によって占領されている」というショッキングな見出しのもと、KLを中心としたクラン川流域の首都圏、とくにスンガイ＝ブロー（Sungai Bloh）、スラヤン（Selayang）、プチョン（Puchon）そしてカジャン（Kajang）などKL北部・南西部・東部の郊外地域で、外国人集住地区の簇出（そうしゅつ）をめぐって、地元民から非難の声が高まっていることを報じている[28]。

マレーシア国際イスラーム大学の調査によれば、クランバレーには少なくとも30ヵ所が、外国人によって「占領されている」。これらの地区のいくつかは外国人の集住度がきわめて高く、住民の出身地になぞらえて「カンボジア村」、「アチェ村」、「ミャンマー市場」、「ミニ＝ジャカルタ」、あるいは「アフリカン＝コンドミニアム」と呼ばれている。

今や、クランバレーにおいてインドネシア人、バングラデシュ人、カンボジア人、ベトナム人、ミャンマー人、ネパール人、中国人、アフリカ人の存在は、食堂やショッピングセンター、工場、港湾などではあたりまえのものとなっている。ある地区では、外国人のほうが数の上で地元民を上回り、まるで外国人によって占領されているかのようだ。外国人はそれぞれの地区で、雑貨店や市場、飲食店、理髪店といった商売を独占している。

統計によると、クランバレーの人口は約600万人だが、クアラルンプルにおける外国人登録人口は22万2,843人を数える。さらに不法滞在外国人の合法化に向けた内務省による6Pプログラム（藤巻注：不法滞留外国人労働者に対する恩赦・合法化プログラム）に登録された者は57万7,427人、未登録の者は43万8,425人を数える。

スンガイ＝ブロー、スラヤン、プチョンそしてカジャンなど、外国人に占領されている地域での*Berita Harian*の調査によれば、地元民は、近隣地域での外国人の過剰存在に不安感を募らせている。「外国人が集住する村やコンドミニアム、アパートあるいは住宅団地に暮らす外国人のさらなる増加により、多くの地元民が他地区へ転出するようになった。外国人のふるまいや彼らが起こすもめごとに我慢できなくなったからだと、ほとんどのマレーシア人は、不満の声をあげている」と同紙は報じている。

マレーシア国際イスラーム大学社会学・人類学科のファティマ＝ダウド教授の10年にも及ぶ研究によれば、外国人がある場所を選び、そこを「彼ら自身」の居住地とし、商売を始めることを容易にするさまざまな要因がある。外国人は、彼らの親戚や友人、そして就業機会の多い場所を定住地として選好するという。

上掲の報道にある「ミャンマー市場」はKL市中のプドゥ（Pudu）、北西郊外のスラヤン、南西郊外のプチョンなど各所で確認されている。例えば、プチョンのパッサール＝ボロゴン（Pasar Borogon）（写真4）という生鮮食料品などを商う卸売市場が「ミャンマー市場」と呼ばれるようになったのは、出店許可証を所有し商売してきた地元民が、ミャンマー人にビジネスを代行させる代わりに「ショバ代稼ぎ」しているからにほかならない[29]。ちなみに、売り子のほとんどが外国人労働者によって占められるようになったため、チャイナタウンやリトル＝インディアが、その名称にふさわしい〈真正性〉を失ったのも（写真5）、同様の理由によることは、過去30年近くこれらの街区の変化を目の当たりにしてきた筆者のフィールド経験からも、また、ある若手のインド系マレーシア人社会学者のエスノグラフィー的調査報告[30]や外国人ツーリストのネット上のつぶやきからも明らかである[31]。

写真4　プチョンのミャンマー市場（2014年3月15日筆者撮影）

写真5　外国人労働者と外国人ツーリストが交錯するチャイナタウンの雑踏（2015年2月8日筆者撮影）

　ところで、2010年代におけるKLの〈多民族性〉が、10～20年前と大きく異なるようになったのは、外国人の中に「アフリカ人」も含まれるようになった点であろう。第四代マレーシア首相を務めたマハティールは、約20年にわたる在任中にアルジェリアやナイジェリア、南アフリカなどのアフリカ諸国を歴訪したが、マレーシアが開発途上国と先進工業国、そしてアフリカと東アジアをつなぐゲートウェイとしての役割をはたすことが期待され、その立役者としてマハティールが歓迎された2000年代に入って以降[32]、「アフリカ人」（とりわけムスリム）のマレーシアへの流入が増加するようになったのである[33]。例えば、かつてはチャイナタウンとともに華人系の街区として知られたKL市街地の北に位置するチョウ＝キット（Chow Kit）は、伝統的にマレー人集落であったカンポン＝バルに隣接していることから、1990年代には市場（pasar）を中心にマレー人のみならずインドネシア人の庶民街へと変質したが、近年では、留学生を自称する「アフリカ人」の若者も行き交うようになった。

　また、上掲の新聞記事に見るように、KL郊外の住宅地域には、「アフリカ人」が集住する「アフリカン＝コンド（ミニアム）」が出現するようになった。そして、「アフリカ人」入居者の増加によって居住環境が悪化したため、彼らの入居を認めないコンドミニアムが話題になったり[34]、地元民が「アフリカ人」によって高額のお金をだましとられたという報道が再三なされるようになり[35]、SNSやコーヒー＝ショップ（Kedai Kopi）などでの噂の拡散を通じて、地元民の「アフリカ人」に対するネガティブ＝イメージは強まるばかりである。実際、筆者の（かつてKL市内のマレー系スクウォッター集落の住人であり、現在はプチョンやチェラス（Cheras）などに再定住した）友人達も異口同音に、「ナイジェリア人はズル賢く、詐欺師だ」、「やつらはまっとうに働いておらず、麻薬など非合法の取引や投資・結婚詐欺などのブラック＝マネーでぜいたくな暮らしをしている。昼は寝ており、夜になると動き出すのだ」と憤慨に堪えないかのように語る[36]。

　これまでインドネシア人やバングラデシュ人、ベトナム人が地元民の非難の標的となっていたが、今や、「アフリカ人」が新たな脅威の対象となっている。つまり、「アフリカ人」という新たな「外国人」の出現によって、KLの〈多民族性〉、〈異種混淆性〉、そしてそれらが分泌、生成する〈エスノスケープ〉はますます多彩さ、濃密さを増してきていると言ってよい。

　ところで、外国人労働者が過剰存在として一目瞭然的に可視化されうるのは、既述のように、休祝日の繁華街やバスターミナル、ショッピングモールにおいてであろう。それらの場所は、マスメディアでもしばしばとりざたされるほどに、外国人労働者の群衆によって占拠され（写真6）、平日とは異質で、異様な熱気と「緊張を帯びた」異種混淆的な街の風景へと一変させるとともに、「彼ら」が地元社会の秩序を乱す「厄介者」として映し出されるのである[37]。

写真6　休日にセントラルマーケット前で集う外国人労働者（2004年1月22日筆者撮影）

4. 外国人ツーリストの急増／フローするエスノスケープ

シンガポールやタイ、インドネシアに比べて、マレーシアは長年、東南アジアのツーリズムの中では劣位にあった。しかし、1990年代初めからマレーシア政府は「観光立国」を目指すべく、積極的に *Visit Malaysia Year* あるいは *Malaysia：Truly Asia* キャンペーンを打ち出し、製造業に次ぐ外貨獲得源として観光セクターの振興策に取り組んできた。その結果、1998年にはマレーシアへの外国人訪問者数は550万人、観光セクターは製造業およびヤシ油の産業に次いで第3位の外貨獲得源の地位にあったが、2000年からはヤシ油部門を抜き第2位の外貨獲得部門となり、外国人訪問者数も1,277万人を数えるに至った[38]。2001年ニューヨークでの「9.11同時多発テロ」、2002年バリ島での爆破テロ、2003年から04年にかけてのジャカルタでの爆破テロ、イラク戦争、SARS、南部タイにおけるイスラーム過激派による反政府闘争の勃発は、国際ツーリズムのみならず、マレーシアのツーリズム＝ブームに冷水をあびせたが【*NST*: 29 November 2003】、*Malaysia：Truly Asia* キャンペーンが功を奏してか、マレーシアへの外国人入込み客数は2004年末で1,570万人、その10年後の2014年末で2,743万人（世界第12位、中国・香港に次いでアジア第3位）にまで増大をみた。

マレーシアへの訪問者送出し国の第1位はシンガポールであり（約50％を占める）、次いでインドネシア、タイなどのASEAN諸国、近年では中国、インドの順となっている[39]。このほかに欧・米・豪の西側諸国のほか、2000年に入ってからはアラブ・中東諸国からのツーリストの急増が目立つようになった。

前述のように、マレーシア観光に関するあるレポート[40]によれば、マレーシアへの外国人訪問者数が約2,460万人を数えた2010年度において、52.9％（1,300万人）の人々がKLおよびスランゴール州を訪れたという。

それは、グローバル都市KLが経済・金融機能の集積地であること、1998年、KL南郊に開業した同国の玄関口ともいうべき国際空港（KLIA）を擁していること（2014年にはLCC専用のKLIA2も供用開始）、国際会議や博覧会など（MICE）が頻繁に開催されること、さらにマレーシア政府観光局（Tourism Malaysia）によるアーバン＝ツーリズム戦略が効を奏しているからであろう。すなわちKLは、マレー系・中国・インド系などの多彩（colorful）な民族・歴史文化、そして歴史都市（旧植民地都市）と近代都市の要素が共存する、まさに"Truly Asia"が凝縮された「常夏の緑濃き美しい庭園都市」、ということになる。そのために、1981年から2003年に至るまで首相を務めたマハティールの主導のもと、KLはワールドクラス＝シティにふさわしい、快適でピクチャレスクな街へと大改造されるとともに、街並みの「エステ」化が推進されてきたのである[41]。

日本人を除けば、シンガポール人、タイ人、インドネシア人、中国人などアジア諸国からのツーリストは、いずれも外見的に地元民との親和度が高く、必ずしも街角の風景に大きな変化をもたらすものではない。しかし、オーストラリアや英国など欧米系の白人や、中東系ツーリストの増加は、KLの可視的な〈エスノスケープ〉を変質させつつある。とくに際立った存在感を与えているのは、チャードルあるいはヒージャブをまとったムスリム女性を伴う中東系ツーリストであろう（写真7・8）。現地の英字新聞は次のような見出し付きで、中東諸国からのツーリストの到来を報じている。

写真7 クアラルンプル郊外の遊園地に遊ぶ中東からのツーリスト
（2003年8月7日筆者撮影）

写真8 ブキット＝ビンタンの中東からのツーリスト
（2003年8月16日筆者撮影）

「アラブ人が大金をそそいでくれるおかげで観光産業が急成長」【*Sun*：August 24, 2002】
「マレーシアに観光天国を発見」【*NST*：September 10, 2002】
「アミューズメントパークはアラブ人家族連れで大賑わい」【*NST*：September 10, 2002】。

　これらの新聞記事を要約、紹介するならば、以下のようになろう[42]。

　マレーシアの観光業界は、アラブ首長国、カタール、サウジアラビア、クウェート、オマーンなどからの旅行客が続々と押し寄せてきて活気づいている。……「9.11」以来、テロの恐怖におののき、アラブ人など中東系の人々を胡散臭く思う西洋諸国よりも、同じイスラーム世界において経済成長著しいマレーシアを休息の場所として選ぶアラブ人など中東からの訪問者が急増している。空港や街角、ショッピングモール、遊園地で全身を黒い服で覆って目だけを出している数多くの女性たちを見れば、マレーシアへのアラブ人観光客の急増は明らかだ。
　6月から9月の時期に中東諸国からの観光客が集中する。その理由は、気温が40度を超えるその季節は中東諸国では子供達の夏休みにあたり、避暑をかねてマレーシアにやってくるものとみている。そうした彼らにとって、マレーシアにはペナン、ランカウィなど海岸リゾートがある一方で、キャメロンハイランドやゲンティンハイランドという冷涼な高原や、治安がよく近代的な「熱帯の美しい庭園都市」KLなど場所の変化に富むこの緑濃き国は楽園と映るのだろう。しかも年に3回、1カ月間ずつ繰り広げられるようになったメガセール（バーゲンセール）の第2期目は8月に開催される。本国では満喫できないショッピングがこの時期、堪能できるのだ。
　何よりも、マレーシアは穏健なイスラーム国であり、いたるところにモスクもある。そして、ムスリムにとって食事が安心してできるハラール保証付きの世界各地の料理、ケンタッキーやマクドナルドのファストフードも楽しめるのだから……。

　確かにツーリストそれ自体は、フロー（通過者）もしくは短期滞在者にすぎない。しかし、さまざまな国々からの観光者が、繁華街のブキット＝ビンタン（Bukit Bintang）やチャイナタウン、ペトロナス＝ツインタワーがそびえたつ新都心KLCCなどの観光スポットを周遊し、有名ブランド店がひしめくエアコンの効いたショッピングモールで買物をし、StarbucksやWhite Coffee（マレーシアのチェーン店）で一息ついている光景は日常化している。加えて、マレーシア政府による「マレーシアセカンドホーム（MM2H）＝プログラム」を利用する日本人、中国人、英国人など外国人長期滞在者も増加してきている[43]。
　しかも休祝日ともなれば、外国人労働者も行楽客やツーリストとしての存在へと変身する[44]。気晴らしや友人との交遊、ネパール語やビルマ語の看板が掲げられた自国製品を販売する店での買い物、家族への送金を目的に、KLのバスターミナル界隈や繁華街に繰り出すのだ（写真9）。そうした外国人労働者が集まるバンコク銀行前やチャイナタウンの界隈は、近年では「リトル＝ミャンマー」、「リトル＝ネパー

写真9　バンコック銀行界隈の両替・送金店に集まる外国人労働者たち
（2015年2月8日筆者撮影）

ル」などと呼ばれるようになった。ブキット＝ビンタン界隈には中東系ツーリストやビジネスマン、労働者の到来を当て込み、短い通りながらも、「アラブ街」すら出現するようになった[45]。

5．「マハティールの街」クアラルンプルのゆくえ

こうして、KLにおいて歓迎される外国人ツーリストの増加と、安価な労働力としてマレーシア経済社会に〈包摂〉される一方で、地元社会の中でさまざまな軋轢を引き起こす「厄介な、過剰存在」として眼差され、〈排除〉の対象とされるアジア周辺諸国からの出稼ぎ労働者や「アフリカ人」の急増は、世界各地のグローバル都市が経験してきたのと同様のプロセスにほかならない。KLが、ワールドクラス＝シティの都市、あるいはグローバル都市の段階へと移行するに伴い、トランスナショナルで、コスモポリタンな異種混淆的〈エスノスケープ〉が分泌、生成されようとしている。

1985年に筆者がはじめてKLを訪れてから30年余りを経た。この間、KLを訪れるたびごとに、この街に対する私の心象風景は常に描きなおされ、KLというテキストは幾度となく再解釈されてきた。それだけこの街の〈ランドスケープ〉や〈エスノスケープ〉、さらにそれを包み込むマレーシアという政治経済・社会文化空間が大きく変質をとげてきたということである。現前する21世紀初頭の「マハティールの街」[46]の風景からは、英領マラヤ時代のKLの履歴を読みとることは困難になりつつある。そして、1970・80年代に「スクウォッター都市」として揶揄された開発途上国都市的風景も急速に後景へと退き、溶解しつつある。2020年までにマレーシアを先進工業国の水準に到達させるとともに、KLを真のワールドクラス＝シティとして世界地図上に刻印しようというマハティールをはじめ、家父長的権威主義的政治指導者たちの企図（*Wawasan 2020*）[47]は現実のものになりつつあるのだ。しかし、その過程において、KLに住まう人々は「マハティールの街」をどのように「生きられる空間」として経験し、「消費」し[48]、断片的な日常生活における実践を通じて、彼ら自身の「生きられる空間」を「生産」していくのだろうか。さらに2020年のあとには、どのような都市空間が造形され、経験されることになるのだろうか。他方、たとえ数年間であるにせよ、出稼ぎ労働者（あるいは不法滞留者）として、またはツーリストとして滞在する外国人にとって、KLとはどのような異郷と映るのだろうか……。それらを解き明かしていくことが、この熱帯のメトロポリスをこれからも訪れるであろう筆者の課題である。

付記：本章は、拙稿「トランスナショナル都市化するクアラルンプル―変貌する熱帯のメトロポリスの民族景観―」（『立命館地理学』第19号、2007年、1~21頁）をもとに、これまでの10年間のクアラルンプルにおけるさまざまな変化、とりわけ〈エスノスケープ〉の変容に関する新たな知見を加えながら、大幅に改稿したものである。

注

1) Department of Statistics Malaysia, *Population and Housing Census 2010*.
2) Gomez, J., 'From tin town to tower city: KL is characterized by colonial buildings and modern skyscrapers that tell the story of its transition from colonial outpost into a modern cosmopolitan city', (Property Times: Merdeka Focus), *New Straits Times*, August 31, 2002.
2) Husna Yusop, ' Klang Valley conquered by foreigners: study', newsdesk@thesundaily.com., 30 July 2012（2012年8月3日閲覧）
3) 〈エスノスケープ〉は、インド系人類学者のアパデュライ（A. Appadurai）による造語である（アルジュン＝アパデュライ（門田健一 訳）「グローバル文化経済における乖離構造と差異」、思想、2002年1月号（No.933）、5-31頁（原著 Arjun Appadurai, "Disjuncture and Difference in the Global Cultural Economy", Public

Culture 2-2, 1990, 1-23: Chapter 2 in Modernity at Large: Cultural Dimensions of Globalization, University of Minesota Press, 1996）。彼はグローバリゼーションをめぐる議論を、国家という枠組みを超えるグローバルな（あるいはトランスナショナルな）5つの次元の文化フローについて言及した際に、エスノスケープ（ethnoscapes）、テクノスケープ（technoscapes）、ファイナンスケープ（finacescapes）、メディアスケープ（mediascapes）、イデオスケープ（ideoscapes）という5つの〈-scape〉という分析概念を提示したものの一つである。「〈エスノスケープ〉とは、今日の変転する世界を構成している諸個人のランドスケープのことである。つまり、旅行者、移民、難民、亡命者、外国人労働者などの集団的ないし個人的な移動は、…国家の（そして国家間の）政治に、これまでにないほどの規模で影響を及ぼしているように思われる」。〈エスノスケープ〉を直訳すれば〈民族景観〉となるのだろうが、それにならえば、これまでの地理学的用法からすると文化景観（cultural landscape）、都市景観（urban landscape）などの形式にならって ethnic landscape と表記されるべきかもしれない。しかしアパデュライが〈エスノスケープ〉の構成要素としてあげている具体例が、外国人労働者、ツーリスト、難民などの文字通りのトランスナショナルな〈フロー〉であることから、また筆者の理解では、地理学的用法の ethnic landscape が可視的・客観的な意味合いが強いのに対して（近年では「景観」との差異化を意図して、主観的な意味合いを強め「風景」という用法が流行するようになったが）、〈エスノスケープ〉は非可視的な、心象地理（想像の地理）的意味合いが強く、さらには景観要素としての「みられる側」、つまりフローとしての外国人労働者やツーリスト自身の経験や、心象風景についても言及していることから、ethnoscape は ethnic landscape とは異質な意味合いをはらんだ概念であると言えよう。

4) Rimmer, P.J. and Dick, H., *The City in Southeast Asia*, National University of Singapore Press, 2009. 同書（p. xvii）において、「1960年代以降、自動車への需要に応じて建設されてきた」クアラルンプルは、「〈グローバルシティ〉への強い願望を抱く、〈アジアのロサンゼルス〉the Asian Los Angeles として、東南アジアでは際立つ存在となっている」と形容されている。

5) Gullick, J.M., *The Story of Kuala Lumpur (1857-1939)*, Eastern Univ. Press, 1983. McGee South East Asian City.

6) 前掲5）および Gullick, J.M., *Old Kuala Lumpur*, Oxford Univ. Press, 1994, Gullick, J.M. *A History of Kuala Lumpur (1856-1939)*, The Malaysian Branch of the Royal Asiatic Society, 2000 ほか。

7) マハティール・ビン・モハマド（高多理吉訳）『マレージレンマ』勁草書房、1995年。

8) ①藤巻正己「ブミプトラ政策と都市社会変動ー多民族都市クアラルンプルのスクウォッター社会ー」（アジア地理研究会 編『変貌するアジア ー NIEs・ASEAN の開発と地域変容ー』古今書院、1990年）183-205頁、②藤巻正己「1990年代クアラルンプルのスクウォッター問題と再定住政策」（大阪市立大学経済研究所監修、生田真人・松澤俊雄 編『アジアの大都市［3］クアラルンプル・シンガポール』日本評論社、2000年）91～120頁、③「熱帯のメトロポリス クアラルンプル断章ースクウォッター都市から世界都市へ？ー」『地域研究論集』5-2、2003年、79-93頁、④藤巻正己「1970年代におけるクアラルンプルの社会地理―Dietrich Kühne " *Vielvölkergesellschaft zwischen Dorf und Metropole: Fortentwicklung und neue Wege der Urbanisation in Malaysia (1970-1980)* " の紹介と検討―」『立命館地理学』17、2005年、55～77頁ほか。

9) Armstrong, W. and McGee, T.G., *Theatres of Accumulation: Studies in Asian and Latin American Urbanization*, Metuen, 1985.

10) ①藤巻正己「クアラルンプル大都市地域における外国系スクウォッター」、立命館地理学12、2000年、19-42頁。②前掲8）③

11) Aliza Shah and Fernando Fong, 'Foreign workers leaving Malaysia', *NST*: 24 May 2016, http://www.nst.com.my/news/2016/05/147469/foreign-workers-leaving-malaysia（2016年9月15日閲覧）。同記事によれば、マレーシア＝リンギ安などを理由に他国へ流出する外国人労働者が増えたことや、雇用者側も外国人労働者への「人頭税」や仲介手数料、健康診断の経費の増額などが負担になり、受け入れを手控えるようになったため、2016年3月末現在で合法的な外国人労働者数は14万人減少している。

12) Tourism Malaysia, 'Malaysia Registers 25.7 Million Tourists in 2015', Mar 31, 2016, http://www.tourism.gov.my/media/view/malaysia-registers-25-7-million-tourists-in-2015（2016年9月15日閲覧）

13) （財）自治体国際化協会シンガポール事務所『マレーシアの観光政策』（Clair Report No.389）、2013年。

14) Azm Zehadul Karim et al., *Foreign Workers in Malaysia: Issues and Implications*, Utusan Publications and Distributions, 1999.

15) Ministry of Finance Malaysia, Economic Report 2003/2004, 2003, p.67.

16) ミャンマー人といっても、仏教徒のビルマ人だけを指すのではない。カレン族などキリスト教徒の少数民族、そして仏教徒によって差別、殺戮の対象となり、難民としてマレーシアに入国しているムスリム系のロヒンギャ人も多数在住している。国連難民高等弁務官事務所の発表によれば、マレーシアに在留している最多の難民はミャンマーからの人々であり（141,570人）、そのうち、ロヒンギャ人は45,170人を数えるという（マレーシアの日本語新聞『南国新聞』2015年6月4日付け）。筆者が2014年3月14日、ブキット＝ビンタンの（オーナーは華人だが従業員のほとんどが外国人の）マッサージ店のある男性従業員は、不法就労しているロヒンギャ人であり、妻とその両親とともにマレーシアに2012年に入国し、国連難民手当だけでは生活できないので、違法と知りながらマッサージ店で働いていた。2015年2月に同店を訪れたが、すでに彼の姿はなく、スラバヤ出身のインドネシア女性従業員によれば、家族とともに帰国したとのことであった。

17) 熊谷聡「マレーシアの外国人労働者」IDE-JETRO、2014年7月、1-5頁、http://www.ide.go.jp/Japanese/index.html（2015年10月21日閲覧）

18) 前掲14）p.47 では、1992年7月～1997年1月の期間の合計値が示されている。

19) 前掲17）

20) 例えば、次のような新聞記事が好例であろう。「補食用に犬や猫を狩り集めていた5人のベトナム人、60人のインドネシア人、46人のネパール人が逮捕された。…今回の取り締まりは、最近ペットが行方不明になっているとの（ある）工業団地の住人から当局への訴えをきっかけに発覚。逮捕された外国人労働者たちは、肉を買うだけの賃金を得ることができなかったため、犬・猫の肉を食べていたという」【*NST*: 30 July 2003】。

21) 例えば、「KL 南郊にある繊維工場で、酒に酔ったベトナム人労働者とインドネシア人との口論が引き金となって衝突が発生、66人が逮捕された。また別の繊維工場でも50人以上のネパール人とバングラデシュ人が乱闘を引き起こして逮捕、拘留された」【*NST*: Star 24 September 2003】。「2003年10月、KL 南郊のグローヴ製造工場でインドネシア人とベトナムからの移民労働者が衝突、約40人が逮捕された。…同年9月23日には別の織物工場の宿舎の外で、6人のインドネシア人労働者が12人のベトナム人労働者により負傷させられたという事件があった。2002年1月17日には、約500名のインドネシア人労働者が同じ繊維工場で暴動を起こし、警察と衝突するという事件があった。16人のインドネシア人労働者は麻薬検査で陽性反応が検出され逮捕された。…政府はこうした一連の事件を重く見ており、雇用主が、さまざまな国籍をもつ労働者同士が互いに意志の疎通をうまくするように特別なオリエンテーションコースを設けるべきだと勧告している」【*Star*: 27 October 2003】。また、同じインドネシア人同士の乱闘事件を伝える新聞報道もある。「KL 郊外のニュータウン建設現場では東インドネシアのフローレス島出身者とロンボック島出身者との間で多数の死傷者をだす大乱闘がおこり、不法移民を含む89名もの逮捕者を出す事件が発生した」【*NST*; *Star*: 3 February 2004】。

22) KL において、非合法・背徳的な活動に関わっている者がいかに多国籍的であり、トランスナショナルであるかは、次の新聞記事でうかがい知ることができる。「KL 西郊ニュータウン内のミニカジノや売春宿を営業していた違法ホテルが

一斉手入れを受け56人が逮捕された。その内46人は外国人女性でカラオケラウンジやナイトクラブで売春をおこなっていたものとみられている。外国人女性の国籍は、中国31人、タイ5人、インドネシア4人、カンボジア4人、ロシア2人。また8人の中国人男性とミャンマー人はウェイターをしていた。これらの外国人は適正な旅券を不所持、もしくはオーバーステイしていた。店内には212人の客がいた」【*NST; Star; MM*：23 February 2004】．

23) 前掲14）

24) Lee Guy, Globalization Dilemma: Immigrants in Malaysia, in Welsh, B. ed., *Reflections: The Mahathir Years*, Johns Hopkins University, 2004, 417-425.

25) Parthiban Muniandy, *Politics of the Temporary: An Ethnography of Migrant Life in Urban Malaysia*, Strategic Information and Research Development Centre, 2015.

26) 前掲10）①

27) 藤巻正己「クアラルンプルの都市美化政策とスクウォッター—新聞記事に描かれたスクウォッター・イメージ—」（藤巻正己編『生活世界としての「スラム」—外部者の言説・住民の肉声—』古今書院、2001年）60-93頁．

28) Husna Yusop, 'Klang Valley conquered by foreigners: study', *Sun*: 30 July 2012.

29) 2014年3月に行ったフィールド調査の際、筆者をパッサール＝ボロゴンに案内してくれたマレー系タクシー運転手（両親はスマトラのメダン出身であり、自身はKLのスクウォッター集落で生まれ育ち、前職はKLの五つ星ホテルのレセプショニストだった）によれば、「1日に40～70マレーシア＝リンギ（1,200～2,100円）の稼ぎは、地元民からすればわずかな収入だが、ミャンマー人にとっては「ショバ代」をオーナーに支払っても魅力的なビジネスのようだ。しかし、こうもマレーシアに外国人労働者がはびこっているのは、地元民が怠け者（lazy！）だからだ」と語る。

30) 前掲22）

31) Chinatown - Kuala Lumpur: Traveler Reviews, 'China town with many foreign workers', Reviewed 11 November 2011, http://www.tripadvisor.co.uk/ShowUserReviews-g298570-d447384-r120479670-Chinatown_Kuala_Lumpur-Kuala_Lumpur_Wilayah_Persekutuan.html（閲覧日：2013年2月21日）

32) Sa' Odah Elias, 'Algerians urged to use M'sia as gateway, *Star* 13 Aug. 2003.

33) 前掲29）のタクシー運転手によれば、「アフリカン＝コンドミニアム」はプチョンや、チェラス（Cheras）などKL郊外の各所にみられるようになった。「アフリカ人」といっても、ナイジェリア人（キリスト教徒）が多数を占め、そのほかスーダン（ムスリム）や南アフリカからの入国者が年々、増加してきているが、彼らの多くは就学ビザ（多くは私立のカレッジに在籍）で入国している、という（2014年3月の聞き取り調査による）。

34) Zurairi Ar 'At Subang condo, ban against 'African' tenants', Malay Mail Online, 9 October 2016, http://www.themalaymailonline.com/malaysia/article/in-subang-condo-ban-against-african-tenants（2016年10月9日閲覧）

35) Malaysian women cheated of $24m in love scams, 27 March 2016, http://www.straitstimes.com/asia/se-asia/malaysian-women-cheated-of-24m-in-love-scams,（2016年10月9日閲覧）

36) 2014年3月の聞き取り調査による。

37) ① Jayagandi Jayaraj and Priya Menon, 'Foreigners takeover in the heart of KL', http://www.thestar.com.my/story/?file=%2F2010%2F3%2F19%2Fcentral%2F5845342&sec=central, 19 March 2010（2015年6月10日閲覧）、② Nor Ain Mohamed Radhi and L. Suganya, 'Foreigners workers 'invade' city', http://www.nst.com.my/streets/central/foreign-workers-invade-city-1.36765, NST: 25 January 2012（2013年2月15日閲覧）、③ Seniors Aloud, 'Foreign Invasion of Downtown KL', Nov 18, 2012 http://seniorsaloud.blogspot.jp/2012/11/foreign-invasion-of-downtown-kl.html（2013年2月15日閲覧）、④ Farhana Syed Nokman and Seri Nor Nadiah Koris, 'Foreigners flock to Kuala Lumpur', *NST*: 12 February 2013, http://www.nst.com.my/streets/central/foreigners-flock-to-kuala-lumpur-1.216489（2013年2月15日閲覧）

38) 藤巻正己「ツーリズム［in］マレーシアの心象地理—ツーリズムスケープの政治社会地理学的考察—」『立命館大学人文科学研究所研究紀要』95、2010年、31～71頁。

39) かつて第5位にあった日本の順位は年々下がっており、2014年では9位にとどまっている。親日的であるマレーシアの観光業界は、日本人観光者の集客力回復を求めて、市中を走行するタクシーの車体広告によって、マレーシア観光の魅力を宣伝している。

40) 前掲13）

41) 藤巻正己「『マハティールの都市』クアラルンプル—生産されるスペクタクルなツーリズムスケープ—」『立命館大学人文科学研究所紀要』93、2009年、25-53頁。

42) 前掲8）③

43) ① マレーシア＝ナビ「日本からも移住者増、外国人呼び込むマレーシアの長期滞在制度」、http://www.afpbb.com/article/life-culture/life/2918021/10026635、2012年12月25日（2013年3月6日閲覧）、② マレーシア＝ナビ「マイセカンドホームの参加者トップは中国、日本は2位」2014年9月2日、http://www.malaysia-navi.jp/news/?mode=d&i=3599（2014年9月10日閲覧）

44) ① 'Locals, tourists and foreign workers throng KL during Raya', http://www.nst.com.my/latest/locals-tourists-and-foreign-workers-throng-kl-during-raya-1.127131, 20 Aug. 2012（2013年2月15日閲覧）、② Michelle Chun and Dorothy Cheng, 'Ubiquitous migrants in KL', http://www.thesundaily.my/news/61260, 14 February 2013（2013年2月15日閲覧）

45) 'At home in faraway city of Kuala Lumpur', http://pgoh13.com/little_myanmar.php (From New Straits Times Online of April 10, 2006)（2015年6月10日閲覧）

46) 前掲41）

47) City Hall Kuala Lumpur, *Draft Structure Plan Kuala Lumpur 2020*, 2003, City Hall Kuala Lumpur.

48) Ziauddin Sardar, *The Consumption of Kuala Lumpur*, Reaktion Books, 2000.

＊文中で略称した新聞紙名は以下の通りである。*MM*：*Malay Mail*、*NST*：*New Strait Times*、*NSUNT*：*New Sunday Times*、*Star*：*The Star*、*Sun*：*The Sun*

2章 インドの複層的都市景観
―近代化と伝統的都市景観―

由井 義通

1. インド的景観

　急速に経済発展するインドの大都市の景観は近代的高層ビルの景観とそれと対照されるスラムの景観だけではなく、雑然として活気に溢れる伝統的なマーケット、あるいはイスラム王朝やその後のイギリスが統治した植民地時代などの過去の時代をそれぞれ反映した市街地と、独立以降の近代化されつつある市街地が併存する多重的な景観を呈している。インドの長い歴史のなかで、都市はそれぞれの時代に応じて、その規模、機能、形態に変化がみられる（三宅、1989）。そのため、典型的なインド的景観というのを端的に表現するのは困難である。さまざまな歴史的痕跡と急速に変化している近代的景観が入り交じった混沌とした景観こそインド的都市景観と表現できるかもしれない。それらの複合した都市景観の中には、目覚ましい経済発展の担い手である上層階層やミドルクラスの人々の郊外生活の場と、都市内で伝統的な生活様式を送る人々の生活の場があり、それぞれが排他的に存在する場と交差する場がある。

　インドの都市といえば、路上で生活するホームレスやスラムなどの発展途上国に特徴されるマイナスのイメージを描く人も多いかもしれないが、それはインドの都市景観の一面に過ぎない。確かに許容量以上の大量の人口が流入し続けているため、市街地中心部には路上で生活する人々も多く、市街地周辺地域には巨大なスラムが形成されているところもある。しかし、上記のようにインドの都市景観は多重的であり、さまざまな様相が複層的に現れた景観をなしている。

　近代化はインドの都市景観を変化させた。所得にもとづく社会・経済的な階層化の進行により、新しい郊外と産業のパターンは西欧に近い形につくりかえられた（ジョンソン、1986）。今日のインドは経済の急成長によって富裕層や中流階層が増加し、彼らが郊外のニュータウンに移住することで近代的な都市景観が形成されている。これらの郊外ニュータウンは従来のインドのイメージとは乖離した近代的都市景観を呈しており、インドの経済的急成長の象徴である。その一方で、建設工事の多い郊外ニュータウンには建設労働者がスラムを形成しており、貧富の差が対照的な風景を作り上げている。

　小長谷（1997）は、東南アジアの大都市に急速な変貌をもたらしたものとして外国直接投資（FDI）を位置づけ、過剰都市論に代わる都市論として「FDI型新中間層都市」論を提起している。日野（2005）による指摘のように、インドにおいては、国内総生産額に対するFDI残高の比率が低いものの、1991年末の経済自由化政策の実施以降FDIが急速に増大してきたのは確かである。しかしながら、インドにおいてFDIの増大による都市化への影響については、東南アジアの大都市化と同様のものであるのかどうか、中間層の増大が都市景観や農村景観の変化に与える影響について言及した研究はみられない。本章では、インドの多面的な都市景観について1990年代以降の新しい傾向を中心に紹介する。

2. 独立前の都市景観

　イスラム王朝のムガール帝国は、シャー・ジャハーン帝の1638年にアグラからデリーに遷都したが、その時に宮殿であるラールキラー（写真1）の西側を取り囲むように囲郭都市が形成され、迷路状の密集した街路に特徴を持つ植民地時代以前にできた伝統的景観の市街地が残っている。この地区は

写真1　デリー城址（ラールキラー）
（2010年著者撮影）

シャージャハンバード（図1）といわれており、ラールキラーの正面西側には庶民の買い物でにぎわうチャンドニーチョウク（写真2）がある。また、

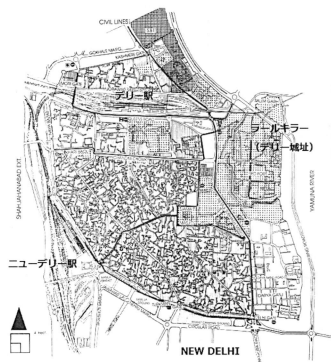

図1　シャージャハンバード（『Masterplan for Delhi, 1962』を修正）

写真2　チャンドニーチョウク（2011年著者撮影）

写真3　コンノートプレイス（2010年著者撮影）

一般的にオールド・デリーとして知られているが、オールド・デリーとニューデリーの2つの都市があるわけではない。デリー市域（デリー特別州）の中心部のセントラル地区がオールド・デリーと呼ばれ、その南側に国会議事堂などの行政機関や各国の大使館が集中したニューデリー区があり、両者は独立した行政市ではない。

イギリスの植民地時代の後半には、カルカッタ（現在のコルカタ）における独立運動の高まりから逃れるなどの政治的理由のためにデリーに行政中心が移され、1911年から1931年にかけてニューデリー地区が開発された。イギリス政府から新帝都の建設を指名されたE.ラティエンスは、他のインドの都市と同様にイギリス軍の駐屯地であるカントンメントとイギリス人行政官の居住地をインド人の在来市街地から離して作っただけではなく、衛生用隔離帯を設けてインド人とイギリス人が分離した二重構造をもった典型的な植民都市を建設した（飯塚、1985）。しかし、独立後の今日はデリーの地域分化は階級や金や権力によって決まっている。ラティエンスが設計したニューデリーの古い地区にあったイギリス人やインド人の文民行政官や役人など支配者層の居住地には、裕福な人々や政治家が入り込み、富裕層はさらに街の郊外にも広がった（ブリジ、2002）。幅員の広い道路による幾何学的な配置と街路樹の緑に溢れる美観計画が具現されたニューデリー地区の街並みは、政治的中心であることを知らせると同時に、1910年代の地域住民の生活向上に照準を置く社会学的都市計画の芽生えを示した（飯塚、1985）。

ニューデリー区の中心は、ロータリー状の道路パターンをしたコンノートプレイスである。コンノートプレイスはイギリスによる植民地支配の象徴として建設され、円柱が立ち並んだ白い西洋風建築様式の建物群（写真3）は、インド的世界との区別を明確にしたものと思われる。これらのコンノートの白い建物には土産物屋やブランド衣料品店などの商業施設のほか、映画館やホテルなどが入り、賑わいを見せているが、屋根の下にはホームレスが寝泊まりするところや、信号で止まる自動車や歩行者に群がる物乞いの人々もみられる。デリーを訪れる観光客は、コンノートプレイスのこのような光景を見て「インドらしさ」を実感すると思われるが、コンノートプレイス付近

写真4 デリーメトロ（2010年著者撮影）

写真5 ムンバイ（2005年著者撮影）

にはオフィスビルや自動車のショールームもあり、スーツ姿のビジネスマンの姿も見られる。近年は緑あふれる街並みに高層の近代的オフィスビルディングも建設されている。2005年には日本の援助によってデリーにも地下鉄（デリーメトロ）が開通し（写真4）、中心部のコンノートプレイスと郊外地域が結ばれ、慢性化している道路の渋滞の緩和が期待されている。こうした地下鉄網が整備されることによって首都としてだけではなく、近代都市としての都市整備が進行している。

かつて、インドでは植民地時代から港湾都市のムンバイを頂点とした都市システムが形成され（阿部、2001）、現在もムンバイはインド最大の商工業都市として栄えている（写真5）。しかし、政治都市のデリーは、近年ベンガルール（旧名バンガロール）などとともに成長の極として急速な経済成長を遂げており、経済的中枢性においてムンバイと肩を並べるくらいに地位を上昇させている。特に1991年の新経済政策（New Economic Policyと呼ばれている）による外資の導入以降、大都市圏内に製造業やオフィスの進出が目覚ましく、政治都市の側面に加えて商工業が盛んな経済都市の側面も顕著となっている。デリーは単なる行政都市から、権限の集中を背景とする経済的な中心地としての実力を備え始めた（佐藤・荒井、1995）。内陸都市であるデリーへの製造業の進出は、立地上不利に思われるが、その理由は、中央政府のあるデリーは外国資本にとってさまざまな認可関連のライセンスを得るのに都合が良いだけではなく、首都として整備された道路や上下水道などのインフラストラクチャーが他の大都市に比べて有利な条件となっていたこと、高学歴者が多く労働者の水準が高いことなどのためである（岡橋、2003）。また、日野（2005）による指摘のように、1991年の経済開放政策以降、外資の提携先インド企業の本社所在地はデリーやムンバイなどの大都市に集中しており、外資系企業の立地に関しては、大都市のなかでもデリー指向が強い。この原因として日野は「市場への近接」、「業界・主要取引先との接触」、「通信・輸送の基盤整備」、「管理的・専門的職業者の確保」、「住環境」を挙げている。

3. デリー大都市圏の都市計画的景観

印パ分離に伴ってデリーには大量の人口が流入し、過度な都市化を迎えた。インド政府は国家プロジェクトとしてデリーの過大化防止と機能分散を目的として、マスタープランの策定に着手した。デリー開発公団（DDA）が1955年に設立され、1957年にデリー開発法が提出された。DDAは1962年にマスタープラン（MP62）を策定し、厳しい土地利用コントロールによってデリー市内における都市開発を抑制した（Delhi Development Authority、1996）。しかし、デリーは国家水準の「雇用の磁石」であり、急速な都市成長に対してデリーだけでは対処できなくなったために、1985年に首都地域計画局（NCRPB）が設立された。NCRPBは首都地域（National Capital Region）の全体の整備を図るとともに、首都圏の都市計画と整備を目的としたリージョナル・プランを担ったが、DDAはNCRPBの策定したリージョナル・プランに従ったデリー大都市圏（DMA）の都市計画を分担し

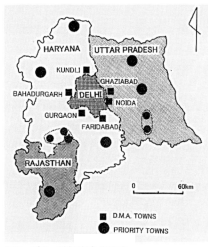

図2 デリー首都地域（NCR）
（出典『National Capital Region』）

写真6 都市開発が進むノイダ（2012年著者撮影）

た（由井；2003、2014）。NCRPBは1996年にリージョナル・プランを策定し、デリー周辺のハリヤナ州、ウッタル・プラデーシュ州、ラジャスタン州とデリー特別州の調和の取れた開発を目指した。リージョナル・プランではデリー周辺のグルガオン、ノイダ、ファリッダバードなどの6都市をDMA(Delhi Metropolitan Area、デリー首都地域)タウンとし、衛星都市であるリングタウンとして職住近接型の都市を建設し、デリーの機能分散が図られた（National Capital Region Planning Board、1996）（図2）。これらのDMAタウンは所属する州が異なるために、都市ごとに異なった開発の様相を呈し、デリーの東に隣接するノイダは開発公団から民間主導の開発になり（由井；1999、2014）、グルガオンは民間不動産資本を導入した「ハリヤナ方式」によって急激な発展を遂げている（大内、1989、由井、2005）。計画を上回る激しい都市化に対して、NCRPBは2005年には新しいリージョナル・プランを出し(National Capital Region Planning Board、2005)、DDAやHUDA（ハリヤナ州都市開発公社）などもこのリージョナル・プランとの整合性をもったマスタープランを出した(Puri、2007)。

デリーでは都市内部の開発を管理し、グリーンベルトの設定によって市街地の無秩序な拡大を規制する一方で、郊外地域では都市計画によって開発がコントロールされ、幾何学模様の道路パターンや緑の中に、ビジネスパークや整然とグループハウジングと呼ばれる高層アパートや戸建住宅が建ち並んだニュータウン群が形成されている（由井；2012、2013、2015）（写真6）。インドの都市開発はイギリスのニュータウン開発のようにソーシャル・ミックス（社会階層の混合）をめざしたものであることが全国統一基準で法律によって義務付けられており、開発地域内には一定割合で低所得者層向けの住宅を供給することが定められている。そのため、開発地域内の住宅は、世帯の所得階層によりHIG(high income group)、MIG(middle income group)、LIG(low income group)、EWS(economic weaker section)に分けられて供給されている。それぞれの開発地域では、日本の住宅団地のように画一的な住宅が並んではおらず、HIG、MIG、LIG、EWSが混在している。それぞれの住宅は土地と建築面積が大まかに定められているが、大部分の戸建て住宅は入居後の増改築によって原形がとどめられていない。これは開発費用を抑えながら住宅建設数を確保するために、必要最低限の居住レベルの低価格住宅（アフォーダブル・ハウジング）を大量に建設し、入居した住民の自助努力によって住宅の質を高めることをねらったためである。

しかしながら、社会階層の混合を狙った住宅供給は、ミドルクラスの急増と彼らの住宅需要の高まりによって、住宅取得力の高いミドルクラスが郊外の新興住宅地に転入し、結果として低所得者層への住宅が不足している状況は改善されないままである。また住宅を所得したミドルクラスはカースト制度のジャティ（職階）と密接な関連はもつものの、職業の制約が強い上位カーストに比べて、高収益のビジネスに就業可能な低位カーストや留保制度により安定した職に就いた指定カースト

などの一部も含まれており、郊外居住者のカースト構成は多様である（由井、2005）。さらに、郊外の都市開発地域には住宅やオフィスビルなどの建設工事が相次いでおり、ノイダでは中心部の商業地区の空き地と河川沿いに、建設工事に従事する家族が集まって巨大なスラムが発生している。

デリー大都市圏の中で富裕層が集積するといわれるグルガオンでは、富裕層向けの戸建て住宅地や高層のグループハウジングが開発され、急激な都市化を迎えている。これに対応して近代的な商業施設も建設され、大規模な駐車場を備えた大型ショッピングセンターと映画館の入ったシネマコンプレックスも数多く立地するようになった（写真7）。このような郊外の景観はこれまでの伝統的なインドの景観とはかけ離れた景観を形成しているが、このような郊外地域における居住者のライフスタイルは、伝統的なものも多く残されている。西洋風のグループハウジングの間取りをみると使用人用の部屋がレイアウトされており、上流層が相変わらず低賃金で使用人を雇っていることがわかる。また戸建て住宅をみても、郊外地域では近代的な住居が建ち並ぶ整然とした街並みが建設されるが、それらの街並みは住民たちの増改築によって絶えず景観が変化し続けている。日本と同様に、統一された街並みに対する意識が皆無であり、法律による規制もないために個々の住宅所有者によって思うままの外観に変わっていくのである。

4. 郊外に形成される ゲーテッド・コミュニティ

グルガオンやノイダなどのデリー郊外の事例をみると、1980年代以降に開発された富裕層や中流階級向けの住宅地には、住宅地や住宅棟への入り口に警備員つきのゲートが設置され、部外者の立ち入りを制限しているところが多い（写真8）。通過には部外者に対して非常に厳しいところもあれば、ゲートを通過する時に氏名を記入するだけのところもあり、セキュリティのチェックにはさまざまなレベルがある。しかし、形式的にせよゲートの存在自体が敷地内の住民と周囲の地域住民とを区分しており、物理的側面だけではなく精神的側面においても内と外を分断するものとなっている。

ブレークリー・スナイダー（2004）によると、アメリカ合衆国におけるゲーテッド・コミュニティはデベロッパーの論理から生じたもので、物理的スペースを利用して入居する居住者を選別し、社会的地位をつくり出している。つまり、設置されるゲートは住宅地の販売の道具であり、ゲートによるセキュリティは単に犯罪からだけではなく、訪問販売員や選挙運動員、青少年のいたずら、見知らぬ人の訪問といった迷惑ごとからの解放をもたらすものと考えられている。ゲートの設置は、良いコミュニティ・システムを探求するというより、現代の課題に対する解決策としてつくられ、より高く販売することを目的としたものである。なぜなら住民たちの手によってゲートが設置されたものではなく、大部分はデベロッパーが販売時から設置したものであるからである。居住者はゲートの維持管理のために、個別に警備員を雇用するのとほぼ同額をセキュリティ費用として管理会社に支払い、安全を購入するのである。

インドにおいてゲートを設置した住宅地や集合住宅が増加したのは、急速な経済発展によって急増する富裕層

写真7　グルガオンのショッピングモール（2012年著者撮影）

写真8　ゲーテッド・コミュニティ（2003年著者撮影）

や中間層が住宅を求めて郊外の新興住宅地へ移動したためである。ゲートの中に居住する住民は、都市部から郊外地域へ移動した都市住民であり、所得階層は所得の高い新中間層や富裕層である。彼らがセキュリティを重要視するのは、彼らの資産を狙った窃盗犯が増加したという背景があることも無視することはできない。また、富裕層はそれぞれの住宅の前にも門番用の小屋を設置しており、農村地域出身者が門番の職に雇われている。郊外地域へ転入してきた富裕層や中間層の生活は、ゲート外の周辺地域との交流がほとんどない。その点は、アメリカ合衆国のゲーテッド・コミュニティと同様である。

5. 都市の中の村落景観

インドの都市開発の特徴としてアーバン・ビレッジの存在がある。アーバン・ビレッジは大都市圏内に位置して周囲を都市開発に取り巻かれながらも、村の政治的権力や既得権を保護するために開発から取り残されている旧来の集落である。デリーの東側に隣接するノイダでは、図3に示すように、都市計画区域内に数多くの村が残されている。これらの村では道路建設や上下水道施設の整備は村の手前までで止まり、村内は都市計画の対象外となって整備が及んでいない。開発公団や民間開発業者にとっての主な障害は、村の代表者のパンチャヤート(Panchayats)や開発に対する反対派集団から土地を獲得する際の困難な手続きとのことであった。開発から残されるのは集落だけであり、集落周辺の農地は開発対象地域とされるために農民の生業を奪うことになるので土地の売買をめぐって開発業者とパンチャヤートや村人との調整が困難になる。その困難とは、農村の政治的権利や水利権等の種々の権利を残しながら農業集落が都市化地域内に残るために生じる問題である（由井、2005）。伝統的な農村景観から現代的都市景観へ変化する中で、現代的都市景観のなかに都市内植民地のような形で伝統的な集落景観が現れ、それらの村の中では旧来の伝統的な生活が残っている。アーバン・ビレッジ内の地主の中にはアパートや商業目的の建物を建てて不動産経営などにより財をなす者もおり、村の住民にも離農して都市内で就業してサービス業などに就業する者も増えている。アーバン・ビレッジは、当初は密集しているもののスラムとは異なって、伝統的農村と都市的生活様式が混合したインド独特の生活世界を作り上げていた。しかし、都市化の波はアーバン・ビレッジ内にも入り込み、低層のレンガ造りの農村的家屋は、無秩序に改築や増築により中層化したり、高層化して雑然とした都市的景観に急激に変容している。

インドでは開発地域内の農業集落は都市開発計画の対象外であり、在来

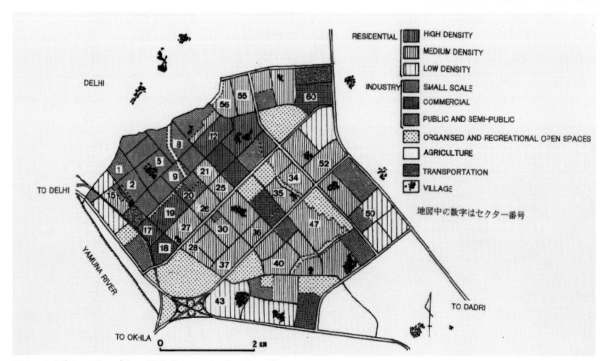

図3 ノイダのマスタープラン（出典『Masterplan for NOIDA』）

の農業集落は都市計画に基づく開発を免れてアーバン・ビレッジとして開発地域内に残されるのである。日本では土地区画整理などで既存集落を包括した都市開発が行われるが、インドでは巨大な都市開発地域の中に、伝統的な農村が散在して残存するのである。急速な都市化が進むデリー大都市圏内には数百のアーバン・ビレッジが存在しているといわれ、巨大な市街地の中に多くの村々が飲み込まれている。

デリー東郊のノイダでは、開発地域の中心部に在来村落であるハローラ村が残され、新興住宅地域と対照的な景観となっている。ハローラ村は周辺の新興開発地であるノイダに取り囲まれて、表通りに面した場所では商業機能が集積してインドの伝統的景観を呈しているが、写真9に示すように、路地からその裏に入ると伝統的な農村風景が突然現れて、都市から農村へと景観が一変する。商店や住宅が建ち並ぶ裏の通りにある村では牛が飼われ、浴室の無い住居が多いためか、朝のバスタイムには髪を洗う人もいる。

アーバン・ビレッジはそれらを取り巻く地域の開発が進行するにつれて、その独自性を失い、周辺の新興開発地域と同化するかといえば、必ずしもそのようになってはいない。多くの村々では、生業こそ非農村的になりつつあるが、道路パターンや住居の建築様式をみれば周辺の景観とは明らかに違っており、アーバン・ビレッジは周辺の都市化地域と同化しないで「農村」のままなのである。周辺の市街化した地域とは政治的には独立しているものの、域外からの人口流入は増加しており、混住化が進行している。小長谷(1997)による東南アジア地域のFDI

写真9　アーバン・ビレッジ（NOIDA、2015年著者撮影）

都市にみられるように、大都市郊外地域の農村を取り込んだ形の大都市化ではあるが、農村が都市的生活様式に変容した都市化とはいいがたい点や農村住民が新中間層に変化していない点で東南アジア地域の大都市周辺においてみられた「FDI型新中間層都市」とは異なる様相を示している。開発地域内の農村の開発は、都市への人口流入の歯止めとなるかどうか、その効果については都市側の開発目的と農村地域の開発目的を調整することが課題となっている。

6. インドにおける都市開発の課題

インドの大都市開発の開発目的は、大都市の成長を抑制し、過密化した市街地内部の再開発とのリンクにより母都市内部から都市圏への機能分散をはかるものである。しかしながら、国家的なスケールやより広域的な地域スケールでの分散を必ずしも誘導しているわけではないので、結果的には大都市圏への集中を助長している。デリー郊外のノイダやグルガオンのような多機能型ニュータウンの開発は、大都市圏内の中心都市の機能分散を目的としながら、国家レベルでみるとデリー大都市圏への機能集中の一役を担っており、都市計画によって都市内の機能と人口の集中をデリー周辺地域に分散させることには成功したかもしれないが、インドの国土全体の大都市圏レベルでみると、デリー大都市圏への集中を招いたといえる（由井、2003）。そのために、マスタープランでは対応できないほどの激しい都市化に対して、住宅不足やインフラ整備の遅れなどの都市問題が深刻化している。このような現象はムンバイにおいても同様である。市域東部に計画人口400万人の大規模ニュータウンのナビ・ムンバイが開発されつつあるが、大都市圏における郊外の都市開発が国家レベルでみるとムンバイ大都市圏への人口集中に拍車をかけているともいえる。

また、大部分の住宅供給は中間層や富裕層に向けられ、低所得層向けの住宅は実質的には中間層が入居していることが多い。ソーシャル・ミックスの理念に基づいて開発された新興住宅地では、インド独特のカースト制に基づく身分差別社会に対して、階級間の融合を必ずしも招いたとはいえない。さらに、新興の開発地が次々に出現して富裕層の転入がみられるのに対して、インフラの管理が不十分で古くなった開発地では富裕層が転出して、その後に前の入居者よりも所得階層が相対的に低い世帯が転入するようなフィルタリングダウンが起こっている地域もあり、住宅地の持続性が今後の課題となると思われる（由井、2005）。

さらに、大内（1989）はグルガオンの都市開発の問題点について次のように指摘している。インドでは民間土地開発業者の歴史が浅く経験が少ないことや、政府主導型の土地開発が一般的ななかで、政府が民間土地開発業者をリードしていく経験も少ない。そのため、グルガオンでは民間開発業者の開発を十分にコントロールできず、民間開発業者が州政府の決めた公共用地提供などの条件や低所得層向け住宅の供給などの制約を守りきれず、民間業者の開発ライセンスが取り消されたり、業者への警告が出されたりしている。つまり、行政による民間土地開発のコントロールをいかに行っていくのかが課題となっており、公的機関主導で行われる土地開発がどのように民間土地開発業者と協調や調整をしていくかが大事な課題となっているのである。

インドにおいて新規に開発される郊外ニュータウンの多くは、当初の理想的とされた都市景観が維持されることは少ない。都市景観の持続性が守られているのは、植民地時代に形成されたニューデリー地区であり、デリーの開発規制が良好な都市景観を持続させている。その一方、整然とした街路や幾何学的な道路パターンをしたニュータウンでは、建物が頻繁に増改築されるため、開発後数年の短期間に大きく景観を変化させている。わが国におけるニュータウンにもあてはまることだが、新しく創造された都市景観を共有し、それを維持させる感覚が都市の景観管理に求められる。

付記：本稿は、由井義通（2010）：インドの多重的都市景観－伝統と近代化－．『都市地理学』5、pp.41-49．を加筆修正したものである。

文献

Delhi Development Authority　*Master Plan for Delhi*. New Delhi, 1996.
National Capital Region Planning Board　*National capital region: Growth and development*. Har-Anand Publications, Delhi, 1996.
National Capital Region Planning Board　*Regional Plan-2021: National Capital Region*. National Capital Region Planning Board, Ministry of Urban Development, Government of India, New Delhi, 2005.
Puri, V. K.　*Master Plan for Delhi 2021*. JBA Publishers, New Delhi, 2007.

阿部和俊　『発展途上国の都市体系研究』　地人書房　2001
飯塚キヨ　『植民都市の空間形成』　大明堂　1985.
大内アカーシ，K．　新興工業都市の形成－グルガオン－．佐藤宏・内藤雅雄・柳沢悠編『もっと知りたいインドⅠ』弘文堂，pp.326-338．1989
岡橋秀典編著『インドの新しい工業化－工業開発の最前線から－』古今書院．2003
ジョンソン著、山中一郎・松本絹代・佐藤宏・押川文子訳 『南アジアの国土と経済　第1巻インド』二宮書店 1986
小長谷一之　アジア都市経済と都市構造．『季刊経済研究（大阪市立大）』、20-1、pp.61-89．1997
佐藤　宏・荒井悦代　南アジアの都市化の特質．小島麗逸・幡谷則子編『発展途上国の都市化と貧困層』アジア経済研究所，pp97-154．1995
タンカ，ブリジ　デリー／ニューデリー　－新旧都市の対比．青木保・姜尚中・小杉泰・坂元ひろ子・莫邦富・山室信一・吉見俊哉・四方田犬彦編『アジア新世紀1 空間』岩波書店、pp.229-239．2002
日野正輝　インドにおける経済自由化に伴う外国直接投資の増大と国土構造への影響．『地誌研年報』14号、pp.1-20．2005
エドワード・J・ブレークリー，メーリー・ゲイル・スナイダー著，竹井隆人訳 『ゲーテッド・コミュニティ　－米国の要塞都市－』集文社, 246p.　2004
三宅博之　インドの都市．佐藤宏・内藤雅雄・柳沢悠編『もっと知りたいインドⅠ』弘文堂，pp.303-311．1989
由井義通　デリー首都圏（N.C.R.）ノイダの都市開発と住宅供給－住宅供給と居住者の特徴－．『地誌研年報』8号、pp.33-57．1999
由井義通　インドにおける大都市開発．『地誌研年報』12号、pp.105-130．2003
由井義通　デリー南郊・グルガオンにおける都市開発．『季刊地理学』57(2)、pp.79-95．2005
由井義通　インドの都市．立川武蔵・杉本芳男・海津正倫編『朝倉世界地理講座－大地と人間の物語－　南アジア』朝倉書店，pp.140-151．2012.
由井義通　都市の成長と都市構造．友澤和夫編『世界地誌シリーズ5　インド』朝倉書店，pp.113-127．2013.
由井義通　デリー大都市圏のマスタープランの変遷と開発実態．『日本都市学会年報』47号、pp.55-62．2014.
由井義通　大都市の発展と郊外空間．岡橋秀典・友澤和夫編『現代インド4　台頭する新経済空間』東京大学出版会，pp.223-247．2015.

3章 イランの石油城下町アーバーダーンの都市景観

吉田 雄介

1. イランの都市

1956年、この年にイラン初の人口センサス調査が実施された。この時点のイラン最大の都市は首都テヘランであり、途上国には珍しくないいわゆる首位都市である（図1・表1）。なお第2位のタブリーズから第5位のアーバーダーンまではいずれも人口20万人台である[1]。

テヘランは18世紀末にガージャール朝（1796-1925年）が成立してから首都となったこともあり、都市としての歴史は二百年余りと比較的短い（吉田、2010）。一方、第2位（表1）のタブリーズは過去に何度か都になっているが、近代に入り黒海経由のヨーロッパ交易で発展した結果、19世紀にはイラン最大の都市に成長した。3位のエスファハーンは、「エスファハーンは世界の半分」とまで讃えられたサファヴィー朝（1501-1736年）の首都である。4位のマシャッドはサファヴ

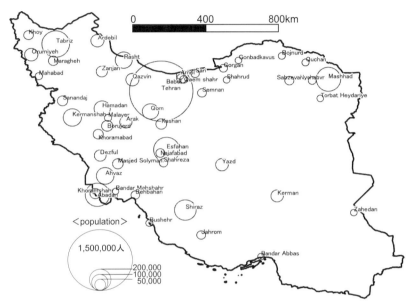

図1　1956年センサス時点のイランの上位50都市（出所：1956年センサス結果から作成）

表1　イランの大都市ランキング（1956－2006年）　　　　　　　　　　　（単位：人）

都市名	1956 census	順位	1966 census	順位	1976 census	順位	1986 census	順位	1996 census	順位	2006 census	順位
Tehran	1,512,082	1	2,719,730	1	4,530,223	1	6,042,584	1	6,758,845	1	7,088,287	1
Tabriz	289,996	2	403,413	4	597,976	4	971,482	4	1,191,043	4	1,398,060	4
Esfahan	254,708	3	424,045	2	661,510	3	986,753	3	1,266,072	3	1,602,110	3
Mashhad	241,989	4	409,616	3	667,770	2	1,463,508	2	1,887,405	2	2,427,316	2
Abadan	226,083	5	272,962	5	294,068	7		6	206,073	25	219,772	33
Shiraz	170,659	6	269,865	6	425,813	5	848,289	5	1,053,025	5	1,227,331	6
Kermanshah	125,439	7	187,930	8	290,600	8	560,514	8	692,986	9	794,863	9
Ahvaz	120,098	8	206,375	7	334,399	6	579,826	7	804,980	7	985,614	7
Rasht	109,491	9	143,557	9	188,957	10	290,897	11	417,748	12	557,366	12
Hamadan	99,909	10	124,167	11	165,785	11	272,499	14	401,281	13	479,640	14
Qom	99,499	11	134,292	10	247,219	9	543,139	9	777,677	8	964,706	8
Orumiyeh	67,605	12	110,749	12	164,419	12	300,746	10	435,200	10	583,255	10
Qazvin	66,420	13	88,106	15	139,258	16	248,591	17	291,117	18	355,338	20
Ardebil	65,742	14	83,596	18	147,865	13	281,973	12	340,386	16	418,262	17
Yazd	63,502	15	93,241	13	135,925	18	230,483	18	326,776	17	432,194	16
Kerman	62,156	16	85,404	16	140,761	14	257,284	16	384,991	14	515,114	13
Arak	58,998	17	71,925	19	116,832	20	265,349	15	380,755	15	446,760	15
Dezful	52,121	18	84,499	17	121,251	19	151,420	25	202,639	26	235,819	27
Borujerd	49,186	19	71,486	20	101,345	22	183,879	24	217,804	24	229,541	30
Zanjan	47,159	20	58,714	23	100,351	23	215,261	19	286,295	19	349,713	21

出所：各年度のセンサス結果から作成。

写真1　アーバーダーン市：バフマンシール川に架かる橋の上から製油所を望む（2014年2月筆者撮影）

写真2　丘陵地帯：ガスパイプライン（2014年2月筆者撮影）

ィー朝期にシーア派の聖廟の門前町として大規模化した。ところが後述するように⑤アーバーダーンはそうした長い歴史を持たない新しい大都市である（写真1）。そして他の都市が今に至るまで順調に成長し、半世紀で人口数を数倍から十倍に増やしたのとは異なり、1980年代に入るとこの都市からは一時的に住民が一掃され、今は人口が回復したもののランキング自体は大きく下がってしまった。

アーバーダーンはこの歴史のふるいイランの諸都市のなかでは特異な都市である。イランの国土面積は日本の四倍、それだけに気候も地形も多様性に富むが、ペルシア湾の最奥に位置するアーバーダーンは夏には最高気温が50℃を超えるイランでも最も過酷な場所のひとつである。ただし、この都市の急激な成長と破壊は、イランが置かれた近代の歴史と地理を知る上での好例といえる。ここでは日本では知名度の低いアーバーダーンという都市の景観を考えることで、中央と地方の関係、欧米列強との関係、さらに自然環境、原油、戦争などイランの複雑な歴史と地理に立ち入ることにしよう。

2. アーバーダーンの自然的条件

イランの西にはザーグロス山脈が幾重にも走る。これはアラビア・プレートがイラン・プレートに衝突して形成された新期造山帯である。山脈を下ると丘陵地帯となる。ここには褶曲作用を受けて背斜トラップが形成され、地下に石油やガスが貯留された大油田地帯である（写真2）。さらに南に下ればメソポタミアの平原・湿原地帯になり、イラン側の部分はフーゼスターンと呼ばれ、古代にはエラム（エラムの都スーサは、2015年に世界遺産に登録）が栄えた地域である。

このメソポタミアの平原・湿原は、チグリスとユーフラテスの両大河が生み出した。この両河川は、イラクの港湾都市バスラの北で合するとシャットル・アラブ川（イラン側ではアルヴァンド川と呼ぶ）と名前を変え、さらに下流のホラムシャハルとアーバーダーンの間でイラン最大の河川、カールーン川が北東から合流する（図2）。

アーバーダーン島は、北はカールーン川、西はシャットル・アラブないしアルヴァンド川、東はバフマンシール川、南はペルシア湾に画される南北に細長い島である（写真3）。アーバーダーン島自体は砂地で周囲より高燥な

写真3　バフマンシール川とナツメヤシ畑：右手がアーバーダーン島（筆者撮影）

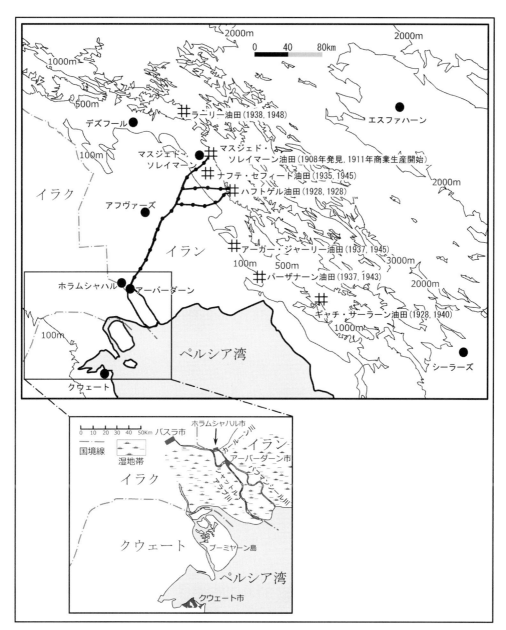

図2　アーバーダーン島とその周辺：1928年時点の油田とパイプライン（上）、1950年代のアーバーダーン市とその周辺（下）
（出典：Ferrier[1982], pp.xxvii などから作成）

土地であるが、島をはさんだ川の東西は広大な低湿地帯が広がり、現在では舗装道路が整備されているものの、以前は冬から春にかけて雨が降ると、泥沼状態となり交通が分断された（写真4）。また、アーバーダーン島の南部も同様に湿地帯であった。海と陸のはざまに位置することが特殊な地域性と景観を生み出した。こうした地理的な要因から、イラン南西部は長らく中央

写真4　アーバーダーンから西に向かう幹線道路沿いの湿地帯（2014年2月筆者撮影）

政府の力が及ばない半独立的な性格を有した。

3. 石油の発見と石油産業の発展

3-1. 石油の発見

イスラーム以前からアーバーダーン島の北東の一角には「Mehmān rāh」という小さな町があった。ただ、製油所ができる直前のアーバーダーンは非常に小さく、農業や漁業に従事する少数の人々が暮らすのみであった（'Abbās, 1973：465-8）（写真5）。

写真5　現在のバフマンシール川の漁師
（2014年2月筆者撮影）

ところが、イランにおける石油の発見がこの地を一変させる。イギリスのダーシー（D'Arcy）のグループは、1901年に石油利権をガージャール朝政府から獲得するが、苦心の末1908年になってペルシア湾から内陸に入った丘陵地帯のマスジェド・ソレイマーン地区で有力な油田を発見した。これこそが西アジア初の近代的な油田の発見である。翌1909年に、アングロ・ペルシアン石油会社（Anglo-Persian Oil Co. 略称 APOC）が設立された。なお、1935年以降、Anglo-Iranian Oil Co.（AIOC）に、1954年以降は British Petroleum Co.（BP）に改称された。イギリス政府は海軍の燃料確保を目的として、APOC に出資したように、この会社は国策会社であった。

3-2. 製油所の設立

消費地のそばに石油化学コンビナートを配置する今とは異なり、当時は油田の近傍に製油所を設置し、原油を軽油やガソリンなど石油製品に精油した上で消費地に送るのが一般的であった。それゆえ、ペルシア湾沿岸に輸出用の製油所を設置する必要があり、ア

写真6　1950年代のアーバーダーン（出典：Longhurst［1959］より）

ーバーダーン島北西部がその地に選ばれた。こうして人口の希薄な地に突如として巨大な製油所が出現することになった（写真6）。内陸の油田からパイプラインで200km以上離れたアーバーダーンの貯油タンクまで運ばれた原油はここで精油され、油槽船でヨーロッパに輸出された。

油田地帯からペルシア湾岸までの安全を確保するために、イギリスは、フ

ーゼスターン北部、すなわち油田のある丘陵地帯では強力な部族連合であるバフティヤーリーの首長と、製油所・港のあるフーゼスターン南部ではアラブ人シェイフとそれぞれ契約を結んだ。たとえば、アーバーダーンが製油所の立地として選ばれると、APOC に1マイル四方の土地を与える代わりに、年間 650 ポンドの賃貸料を支払う契約を、ペルシア湾駐在の政治駐在官（British Political Resident in the Persian Gulf）コックス（Major Percy Cox）が 1909 年 7 月 16 日にシェイフと結んでいる（Elwell-Sutton, 1955：20-21）。この地にイギリスの植民地的な状況が生まれた。

そしてガージャール朝は比較的地方分権的であったものの、次のパフラヴィー朝（1925-1979）を建てるレザー・ハーンは中央集権的な政策を採り、イラン各地を掌握すると、最後に 1923 から 24 年にかけてロレスターンおよびフーゼスターン地方を平定した（Sabahi, 1990：188）。翌 25 年にパフラヴィー朝が成立すると、アーバーダーンを含む油田地帯は中央政府の支配下に組み込まれた。もちろん、イラン政府には油田を運営するノウハウはないため、APOC が引き続き石油の生産・精油・輸出をになった。

写真 7　バフマンシール川から現在の製油所をのぞむ（2014 年 2 月筆者撮影）

4. アーバーダーンの発展と破壊

4-1. 工業都市としての景観

アーバーダーン製油所は、1909-1910 年に試験操業を開始し、1913 年に通常操業を始めた西アジア最古の製油所である（Finnie, 1958：59）。しかも長らく世界最大の製油所であった。今でも町の中心には、銀色に輝く無数の煙突群や建物群がそびえ立つ。火炎を吹き上げる煙突は夜でも遠くから目立つランドマークである（写真 7）。

この大製油所を運営するために、イラン各地のみならず世界中からスタッフが集まった。表 2 にあるように APOC は、当初より多国籍な従業員構成であり、イギリス人だけでなく、英領インドからの労働者も重要であった（特に英領インド内で石油産業が盛んなビルマ出身者やシーク教徒が多かった）。そして、油田や製油所のスタッフは、仕事内容・技術内容で民族・人種差があった。巨大な製油所を運営する幹部や専門職の技術者はヨーロッパ人であり、イギリス人上級スタッフにはバンガロー形式の快適な住居が与えられ、庭木もインドやスリランカから導入された（Williamson, 1977：145-150 & 168-173）。まさにインドの英植民地都市がそのまま移植されたような都市だったのである。

マスジェド・ソレイマーン油田以降、近隣で複数の有力な油田が発見・開発された（前掲の図 2）。イラン・イラク国境に位置する油田以外はイラ

表 2　アングロ・ペルシアン石油会社のイランでの従業員数

年 全従業員	イラン人	インド人	その他	ヨーロッパ人	合計	年 内、アーバーダーン分	イラン人	インド人	その他	ヨーロッパ人	小計
1910	1,362	158	146	40	1,706	1910	471	80	76	5	632
1911	1,801	379	127	56	2,363	1911	587	277	56	12	932
1912	2,449	553	97	43	3,142	1912	1,396	508	75	16	1,995
1919	3,979	2,618	47	80	6,724	1919	806	2,499	38	36	3,379
1920	3,868	3,010	35	152	7,065	1920	1,080	2,687	35	71	3,873
1921	6,144	4,043	51	204	10,442	1921	1,608	3,313	51	99	5,071
1925	13,210	4,141	6,541	866	24,758	1925	6,862	3,001	4,405	402	14,670
1926	13,979	3,003	4,169	859	22,010	1926	7,946	2,161	1,442	428	11,977
1927	15,274	2,723	3,852	861	22,710	1927	10,171	2,062	1,273	527	14,033

出所：Ferrier[1982] p.276 および 659 より作成。

ン石油産業の結節点であるアーバーダーン製油所にパイプラインで接続された。新たな油田の発見は精油能力の増強を必要とし、その後もアーバーダーン製油所の従業者数は、1940年（14,150人）、1945年（28,011人）、1950年（30,246人）と増加したが、1940年代は離職者数も多かった。これは、高賃金に惹かれて、部族民や農民などが仕事内容を良く知らずに集まったため、雇用のミスマッチが生じたからである（Finnie, 1982：95）。

こうしてAPOCの企業城下町となることで、アーバーダーンはイラン有数の大都市に成長する。なお、1918年時点のアーバーダーン地区の人口は24,000人程度とされた（Adamec, 1989：5）。それが1920年代には6万人に、さらに1943年の人口は10万人前後、1952年の人口は143,000人へと急増した（Institut d' Études et de Recherches Sociales, 1964：339）。

なおイランでのナショナリズムの高揚によりイランの石油産業は1951年に国有化されると、外国人が去り一応の「イラン化」が達成された（Finnie, 1958：114）。ただし、コンソーシアム（イラン政府と欧米の複数の石油会社による事業請負契約）の形式で運営されることになった製油所には、数は減ったがアメリカ人やイギリス人が残り、あるいはインド・パキスタン人なども残った。製油所では、それまでヨーロッパ人をトップに、その下にインド人、そしてイラン人がボトムに配置されるピラミッド構造の産業社会が形成されていたが、1950年末時点のAIOCの従業員は、イラン人72,681人、インド人1,744人、イギリス人2,725人、その他34人の合計77,184人で

写真8　アーバーダーン中央地区の商店街の昼の景観（酷暑地域であるため商店街が賑わうのは夜になってからである）。なお、正面に製油所の煙突が見える（2014年2月筆者撮影）

あり、イラン人が94.2％を占めるようになった（Bamberg, 1994：347）。

4-2. 植民都市という景観

植民都市（colonial cities）とは、近代の植民地主義ないし帝国主義のなかで発展した行政ないし商業中心地あるいは鉱山町のことである。英領インドの諸都市が有名であるが、アクラ（ガーナ）、ハノイ（ベトナム）など世界中に存在した。この植民都市の都市空間は、機能面では、植民地行政・商業地区、軍事地区、地元住民の商業・居住区に3区分されることが多い。また形態面では、ヨーロッパの都市計画に基づく格子状のパターンと計画的な人種的セグリゲーションが特色である。アーバーダーンの場合もこの観点からの理解がわかりやすいが、直接植民地化されたわけではないので、当てはまらない部分もあり注意が必要である[2]。

アーバーダーンは西をシャットル・アラブ川、東をバフマンシール川に挟まれた都市であるが、当時はバフマンシール川の両岸には河川灌漑のナツメヤシ畑が広がっていた（今では右岸のナツメヤシ畑の多くは住宅地や親水公園に変わった）。シャットル・アラブ川沿いには港湾施設が置かれた。中央部には巨大な製油所があり、居住区をはさんで下流には巨大な石油タンク群が林立する貯蔵区画が設けられた。また、市の北西、すなわち上流には飛行場が建設された。

先述したようにアーバーダーン製油所は巨大な施設であり、この施設を運営するために、イランでは歴史的に前例のない複雑な官僚的組織をもった、近代的な産業組織社会が生み出された。大量の現場労働者と、それとはまったく異なるホワイトカラー、すなわちデスクワークを行なう事務労働者や専門技術者（エンジニア）が働いた。アーバーダーンの都市構造もこの産業組織の秩序に基づき、AIOCによって製油所の周囲には居住区が計画的に配置された。そして、ここでも他の植民都市同様、ヨーロッパ人スタッフと非ヨーロッパ人スタッフの居住区は厳密に分離され、さらに非ヨーロッパ人労

働者の居住区も分かれていた。バワルダ地区（⑩⑪）には、肉体労働者はほとんど居らず、住民数自体も少なく、いわゆる田園郊外（Garden Suburb、庭園郊外とも訳される）形式の地区であった（なお、アーバーダーンの多くの地区が田園郊外形式を採用した）。田園郊外とはイギリス郊外の都市開発の理念であり、住宅の密度を低くし、街路を広く取り、街路樹を植栽するなど静かで緑豊かな住環境が特徴である。そのため、商業施設も少ない。

ヨーロッパ人スタッフは、まず製油所に隣接して最初に建設されたブライム地区（図3の①）や、少し離れた場所に後に整備された南のバワルダ地区（図3の⑩⑪）に集中した（写真9）。この地区は田園郊外形式のために人口密度は低かった。具体的にはブライム地区の建物の区画の目安は1,000m²で、バワルダ地区については大規模住宅では900〜1000m²、小規模住宅では500m²と大きく、この地区では独身向けの住宅であっても部屋数の多い快適な住まいが用意された。

写真9　バワルダ地区（出典：Crinson［2010］, p.355 より）

なお、アーバーダーンの住宅建設には、1930年代以降 J.M.Wilson というイギリス人建築家が深く関与するようになったが、彼はナショナリズムの対応策としてバワルダ地区を建設した。つまり、この地区はそれまでの地区とは異なり、ヨーロッパ人とイラン人との人種的なセグリゲーションに基づかない居住区を目指した。ただし、彼の意図とは異なり、実際にはイラン人中級スタッフはここにはあまり住むことはなかった（Crinson, 2010：351-357）。

非ヨーロッパ人スタッフは、北側のアミーラーバード地区（図3の②）

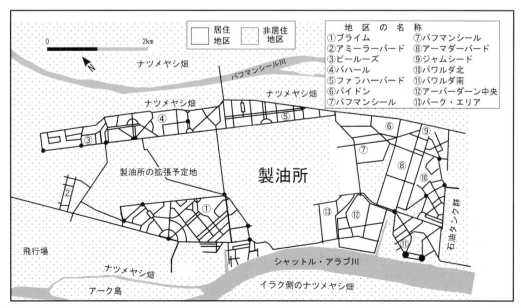

図3：1950年代後半のアーバーダーン製油所と居住区（出典：Institut d'Études et de Recherches Sociales[1964], p.338 を加工）

写真10 シャットル・アラブ川で船底を見せる船：対岸はイラク領になる（2014年2月筆者撮影）

に集中したが、従業員が増えるとブライムとアミーラーバード地区の間に居住区を拡張した。一方、非ヨーロッパ人労働者は、東のバハール地区（図3の④）とファラハーバード地区（図3の⑤）に集中し、バフマンシール（図3の⑦）や南のアーバーダーン中央地区（図3の⑫）とアーマダーバード地区（図3の⑧）にも多かった。

なお、商業的な集積が見られたのはアーバーダーンのバザールであるアーバーダーン中央地区とアーマダーバード地区のみであり、この地区は人口密度も極めて高かった（写真8）（Institut d'Études et de Recherches Sociales, 1964）。

アーバーダーンにはイギリス人駐在員の快適な生活のために、住宅だけでなく、病院から学校、映画館、プール、ゴルフ場から各種クラブまで、果ては専用の墓地まで整備され、この都市はあたかも大英帝国時代のコロニアル・ソサイエティの雰囲気があったという（Bamberg, 2000：17）。AIOCはヨーロッパ人向けのこうした施設に加え、インド人やイラン人用の施設を多数建設したが、白人と有色人種では居住同様これら施設の利用も厳密に区分した。

1951年の国有化後は外国人住民の多くがこの地を去り、イラン人中心の住民構成になったが、以前からの居住形態は引き継がれた。ブライム地区の住民構成はホワイトカラーと管理職が大半を占め、しかも上級管理職がこの地区の住民の6割を占めた。一方、パーク・エリアとバワルダ地区の住民もほぼホワイトカラーと管理職が占めた点は同じであるが、この地区では上級管理職の比率は1割程度にとどまり、幹部職員はブライム地区に集中した。

5. アーバーダーンの破壊

5-1. 労働運動と労働争議

アーバーダーンという巨大な工業都市はまたイランの労働運動の歴史でもあった。そして「南部の石油産業は、イランに最初の労働者階級を生み出し、近代資本主義の最も辛辣な経験を与えた（Cronin, 2010：707）」と評される。製油所では1920年代からインド人労働者やイラン人労働者が賃上げや労働時間の短縮などの待遇改善を求め、労働争議が絶えなかった。また1951年のイランの石油産業国有化の混乱では、イラン政府の国有化に対抗しAIOCが石油産業従事者の生活手当を打ち切ると、油田や製油所では労働者によるゼネストが打たれ、またアーバーダーンでは暴徒がイギリス人3名を殺害するという事件も起こった。国有化の混乱により、数年間はイランの石油生産・輸出は一時的に激減した。

国有化後もアーバーダーンではストライキが繰り返された。そして1978年に入るとイラン各地で王政に対する大小のデモが頻発するようになり、アーバーダーンでは8月に映画館が焼き討ちされ数百人が亡くなるという事件も起きた。また、ストライキのために軍隊が製油所を管理する事態にもなった。

5-2. イスラーム革命とイラン・イラク戦争

1979年に革命で王政が倒れると、翌80年に「イラン・イラク戦争（イ・イ戦争）」が始まり、多くの国民が兵士として戦場に送られた。停戦までの8年間でイ・イ戦争のイラン側の死者数は45〜73万人、負傷者数は60〜120万人と推計されている（Cordesman and Wagner, 1990：3）。また、イ・イ戦争は、首都を含む主要都市への航空機およびスカッド・ミサイルによる激しい空爆が相互に繰り返されたが、イラン南部にはイラク軍が侵攻した。

1980年9月にイラク軍は、アーバーダーンの北に位置する貿易港ホラムシャハルを占領した。その勢いでイラ

ク軍はアーバーダーンに入る道路をすべて封鎖し孤立させた上で、この都市に包囲攻撃を加えた。イラク軍は何度も渡河作戦をこころみたが、周囲を河川と湿地に囲まれたアーバーダーンの地の利を生かしたイラン側の頑強な抵抗に遭い、攻めあぐねた。結局、翌81年にはイラン軍が防戦から攻勢に転じ、イラク軍に占領されたイラン南部の多くを回復した。ただし、その後も停戦までアーバーダーンにはイラク軍の砲撃や空爆が繰り返され、戦争の爪痕は今日も残る（写真10）。

戦争により隣接するホラムシャハルの町は破壊しつくされた。アーバーダーンも被害は大きく、戦災によりアーバーダーンの製油所および石油タンクなどの付帯設備はほぼ完全に破壊されてしまった（前掲の写真9の左奥は市の南部にかつては広大な敷地を占めた石油タンク群が写っているが、これも現在はない）。また、国境に近い油田などの石油関連施設も爆撃による損傷やメンテナンス不足で施設の劣化が進んだ。戦後アーバーダーン製油所が操業を再開したのは1989年になってからである。再建当初の原油処理能力は日量13万バレルにとどまったが、2014年末時点では日量40万バレルにまで回復し、イラン最大の製油所に復帰している（写真11）。

写真11　現在の製油所（2014年2月筆者撮影）

注
1）イラン各地からアーバーダーンを訪れた労働力はこの都市を最終目的地としたわけでなかった。1950年代に入りクウェートの石油産業が成長すると、アーバーダーンやその北に隣接するホラムシャハルを出稼ぎ先として目指すだけでなく、ここを足場にたくさんのイラン人が国境を越えクウェートに渡った（吉田、2012）。したがって、数週間から数か月のアーバーダーン市の滞在者を含めると、アーバーダーン市の人口はセンサス調査のそれよりも相当増えると考えられる。

2）Atabaki（2015）は、アーバーダーンを「三部分から成る都市（a triple city）」と表現している。その意味は、植民者と被植民者の区画に厳密に二分された都市空間に加えて、両者の間の仲介的な集団（インド人労働者）という第三の存在である（なお、石油産業の国有化によりインド人労働者は減少した）。ただし、製油所が拡張されるにつれ、中級職や上級職に登用されるインド人スタッフやイラン人スタッフの数は増えた。

文献
'Abbās, M. (1973): *Joghrāfiyā-ye tārīkhī-e sarzamīn-e Khūzestān*.
Adamec., L.W. ed. (1989): *Historical gazetteer of Iran*, Vol.3 (Abadan and Southwestern Iran), Akademische Drucku.
Atabaki, T.(2015): Far from home, but at home: Indian migrant workers in the Iranian oil industry, *Studies in History*, 31, pp.85-114.
Bamberg, J. (1994): *The history of the British Petroleum Company*, Vol.2, Cambridge University Press.
Bamberg, J. (2000): *British Petroleum and global oil 1950-1975: the challenge of nationalism*, Cambridge University Press.
Cordesman, A.H. and A. R. Wagner(1990): *The Iran-Iraq war*, Westview Press.
Cronin, S. (2010): Popular politics, the new state and the birth of the Iranian working class: the 1929 Abadan Oil Refinery strike: *Middle Eastern Studies*, 46, pp.699-732.
Elwell-Sutton,L.P. (1955): *Persian oil: a study in power politics*, Lawrence & Wishart.
Ferrier, R.W.(1982): *The developing years 1901-1932* (The history of the British Petroleum Company, Vol.1), Cambridge University Press.
Fesharaki, F. (1976): *Development of the Iranian oil industry: international and domestic aspects*.
Finnie, D.H. (1958): *Desert enterprise, the Middle East oil industry in its local environment*: Oxford University Press.
Institut d'Études et de Recherches Sociales (1964): Abadan: morphologie et fonction du tissu urbain, *Revue géographique de l'est*, 4, pp. 337-85.
Longhurst, H.(1959): *Adventure in oil: the story of British Petroleum*, Sidgwick & Jackson.
Sabahi, H. (1990): *British policy in Persia, 1918-1925*, Routledge.
Williamson., J.W. (1977): *In a Persian oil field*, Arno Press.
吉田雄介（2010）：イランの首都テヘランの都市景観―イデオロギーという側面を中心に，都市地理学，5, 73-79頁。
吉田雄介（2012）：イラン・イスラーム革命以前の湾岸アラブ諸国へのイラン人労働力移動，関西大学東西学術研究所紀要，45, 297‒324頁。

4章 カサブランカ―フランス保護領時代の遺産をめぐって―

荒又 美陽

1. モロッコにおける
フランス統治の名残

　カサブランカの地図を広げてみる。港のそばに旧市街地があり、その外側には、大通りや公園が配置された近代的な町が広がっている。同心円と放射状の道路で構成されたその中心部は、フランスが保護領時代に計画し、実現したものである。そのため通りには、フランスと同様、ごく短い通りを含めて、一つ一つに名前が付けられている。そのような地区の住所は、やはりフランスと同様に、通りの名前と番地で示される。

　しかし、実際に街を歩いてみると、細かい通りの名前は表示されていないことも多く、地図とは異なる名前であることもしばしばある。タクシーに乗っても、運転手は通りの名前がほぼ頭に入っているといった様子はない。建築家や研究者なども、訪問先の場所を聞くと住所で示されるフランスとは違い、目印となる建物や広場、大きな通りなどを基準に、そこからこう曲がっていくからここだろうという形で地図に印を付けてくれ、困ったら連絡を取るようにと電話番号を渡される。よく見れば、地図上でも、旧市街地はもちろん、都市周辺部では必ずしもすべての通りに名前が記されているわけではない。通りの名前と番地による住所表記は、明らかにフランス統治の名残であり、現在まで生活に根ざしているとはいえないようである。

　カサブランカは、フランスがモロッコ中央部を保護領とした20世紀初頭に急速に発展した（図1）。本章では、カサブランカにおけるフランス支配の

写真1　カサブランカ、フランス領事館リヨテ騎馬像

遺産の現状について紹介していきたい。

2. 保護領時代の都市計画

　モロッコは、1912年にスペインとフランスの保護国となった。王制という形式は残していたものの、実質上はヨーロッパの二国が支配することとなったのである。フランスがその実態上の統治を行ったのは、フェズやマラケシュなどの主要都市を含む中央部である。保護領化されたことへの抵抗は大きく、首都であったフェズでは、条約締結後、フランス人60人以上が殺害された[1]。そのため、フランス政府は、最初の保護領総監に軍人のユベール・リヨテ将軍を任命した（写真1）。彼は、首都をフェズからラバトに遷し、治安確保に努めることとなった。

図1　カサブランカの保護領時代のポストカード

写真2　カサブランカの街並み

リヨテが力を入れたことのひとつに、都市計画がある。リヨテは、現地において伝統をもって発達してきたイスラム都市や建築には手を着けず、ヨーロッパ人の旧市街地への入植を抑えることによって反発を回避するという方策を採った。統治や投資のための施設、つまり役所や銀行、郵便局、ヨーロッパ人のための住宅地などは、新しい市街地を建設して設置した。そのため、モロッコの都市は、首都のラバトはもちろん、フェズやマラケシュといった古都、そしてカサブランカでも、旧市街地とは別に、ヨーロッパ風の街並みを持った新市街地があるという構造を持っている（写真2）。

モロッコは20世紀に入ってから支配されたため、フランスが19世紀以来積み上げてきたすべての植民地都市計画の経験が活かされた。フランスは1830年に占領したアルジェでは、統治のために旧市街地に穴を開け、モスクの一部を削ったこともあった[2]。街並みを整えるため、イスラム建築の特徴である、サーバートという張り出し部分の建設も制限した[3]。しかし、支配が継続する中で、イスラム建築への理解も進み、またその保護が統治を容易にすることも明らかになってきた。そのような経験や知識が、モロッコにおける植民地都市計画の基礎となったのである。

カサブランカは、フランス統治以前から、近代化の過程の中で港湾都市としての重要性を増し、多くの人々が流入して都市基盤の整備が追いつかない状況にあった。モロッコの都市計画のためにフランスから連れてこられた建築家アンリ・プロストは、カサブランカのゾーニングを行い、工業地帯と商業地、住宅地を区分して都市を整備しなおそうとした。その際に建設されたのが、環状道路・放射状道路であり、またそれらを結ぶ広場であった。

またカサブランカでは、それほど広くはない旧市街地に入りきれないほどの労働者が流入したため、彼らを受け入れる場所も必要となった。そこでプロストは、非ヨーロッパ系の住民を受け入れるための新しい住宅地も建設した。ハッブース地区と呼ばれるその地区は、旧市街地から内陸に延びる街道沿いに建設された。ヨーロッパ人との接触をできる限り押さえるためである。また、そこは新しく建設されたにもかかわらず、ヨーロッパ人の地区と区別するため、「アラブ風の」外観を持つように設計された。ヨーロッパ人と非ヨーロッパ人は、都市景観も分断されたのである。

ハッブース地区は、上下水道などの衛生設備が備えられており、労働者よりは比較的裕福な層によって住まわれた。労働者は都市の外側に、フランス語でビドンヴィルと呼ばれるスクウォッター地区を形成することとなった。第二次大戦後から1950年代には、ミシェル・エコシャールという建築家が、ビドンヴィルの解消を目的とする都市計画を行った。エコシャールの設計した労働者住宅は、大量に供給することを企図していたため、ハッブース地区と比較してかなり安価なものであったが、あくまで現地風のデザインにするという考え方は維持された。

モロッコは、エコシャールによる都市計画の後すぐ、1956年にフランスから独立した。

3. 植民地遺産と観光化

独立以降、モロッコは外貨獲得手段として観光を重視してきた[4]。フランスが手を入れなかったフェズやマラケシュの旧市街地は、荒廃が進んだ時期もあったが、世界遺産登録がなされて整備が進み[5]、世界中から観光客を集めるようになっている。

写真3 郵便局

写真4 市役所

カサブランカは、第二次大戦中に製作されたマイケル・カーティス監督のアメリカ映画『カサブランカ』(1942)の影響もあり、非常に知名度は高く、観光客も多く訪れる。しかし、広大な旧市街地を持つフェズやマラケシュと比較すると、旧市街地が狭く、モロッコ観光の目玉の一つであるサハラ砂漠からも遠い。人口335万人(2014年)という規模を誇り、首都ラバト(人口57万人(同)[6])でも比較にならない大都市であるにもかかわらず、日本の観光用のガイドブックでの扱いは非常に小さい。その小さい扱いの中では、1980年代に建設されたハッサン二世モスク、既述の映画の模倣に過ぎない「リックの店」などが紹介されている程度であり、敢えて行くべき場所と見られている様子はない。

しかし、フランス統治の時代に成長したカサブランカには、当時の建築が多く残されている。2000年代から、モロッコの文化省は、20世紀の建築の保護に力を入れるようになった[7]。フランスが新市街地に建設した郵便局(写真3)や市役所(写真4)には優美なものも多く、また、ヨーロッパ風の建築にモザイクタイルなどを用いてモロッコ風の装飾を施したものも多い。カサブランカは、そのような建築の宝庫であり、これを用いた観光化も検討されている。

20世紀の建築について、民間レベルでその価値を広めようとする活動も行われている。1995年に創設された市民団体、「カザ・メモワール(Casamemoire)」は、カサブランカの建築の価値に対する認識を普及する活動を行っている。ガイドブックの作成、建築案内ツアーの企画のほか、2009年からは「カサブランカ文化遺産の日」を設け、カサブランカ市や文化省、フランス協会などとの共催で、20世紀建築のガイド付きツアーのほか、入場無料のイヴェントなどを行っている(図2)。現在のカザ・メモワールの会長であるアブドゥル・カス―氏は文化省にも所属しているが、活動の多くは建築家などの専属スタッフと市民ボランティアで行われている。このような取り組みを学ぶために他の国から来たインターンも受け入れている。

ハッブース地区も、観光化に向けた活動の対象となっている。文化省で保護の対象となっている建築はこの地区では二つのみだが、都市計画を行う「カサブランカ都市機構(L' Agence urbaine de Casablanca)」では、地区全体の整備計画も立てている。実際のところ、カサブランカの旧市街地は、かばんや時計、スパイスなどを中心とする、東京で言えばいわゆる「アメ横」

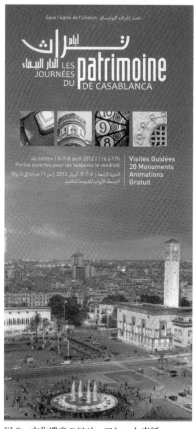

図2 文化遺産の日リーフレット表紙

写真5　ハッブース地区

のような日常的な商店が多い地区であるのに対し、ハッブース地区は、モロッコの革細工やランプシェード、陶器などを売る店が並び、より観光客向けとなっている（写真5）。

フランス統治の遺産を保護することについて、地元の人々はどのように見ているのだろうか。ハッブース地区で土産物店を営む男性のひとりは、鉄道のそばにもかかわらず、地区の建造物は100年たってもまったく問題なく、非常に良くできているという。地区に携わったフランス人建築家の一人、オーギュスト・カデは、非ヨーロッパ人のために設計されたハッブース地区の中に住み、現地の技術を信頼して、かなりの部分を職人の裁量に任せたということもあり、広く信頼を得ていたようである[8]。その意味では、この地区の保護は共感を得られやすいところもあるだろう。

他方で、ハッブース地区から鉄道を越えると、そこには活気あふれる民衆の町が広がっている。衣類や食品、小物などの露店がびっしりと並び、昼間から夕暮れ時まで買い物客であふれている。ハッブースの再整備計画を立てた建築家エル・ハリリ氏によれば、そこはアラブ諸国のどこでも見られる典型的な民衆の町だという。

しかし、その民衆的な地区の一角には、ハッブース地区とほぼ同時期に建設された公的な売春地区のあとがある。ブスビル2地区（写真6）と呼ばれたそこは、東京の吉原をモデルにして建設されたという研究もあり[9]、植民地での売買春制度の問題と合わせ、日本とはある意味で共犯関係にあった地区でもある。ほぼ同時期に作られたにもかかわらず、ブスビル2地区の入り口にはごみの山が築かれ、フランス統治の記憶はかき消されようとしている。

観光客を迎え入れようとするハッブース地区と、そのごく近くに広がる民衆的な地区は、どのような関係にあるのか。ハッブースの保護は、民衆的な感覚とはかなりずれがあるのではないか。「アラブ風」であること、フランス統治の記憶を残すということでは一致しながら対照的な二つの地区は、フランス統治の遺産についての単純な解釈を許さない。

4. 都市基盤の整備の先にあるもの

カサブランカの中心部には、近年トラムが導入された。首都ラバトにも開通し、最新式の低床の電車が多くの市

写真6　ブスビル2地区の入り口

写真7　カサブランカのトラム

民に利用されている（写真7）。

モロッコでの細かい移動は、初心者には難しい。都市間交通は、鉄道のないところでは、停車場所が限定された相乗りタクシー、「グラン・タクシー」を利用する。カサブランカでは、中央市場のそばに大きな白い車が止まっているのを見ることができる。都市内では、「プチ・タクシー」を利用する。カサブランカでは赤、ラバトでは青の車が走っており、必要なときに合図をして止め、利用する。プチ・タクシーは都市の外に出ることを許されておらず、空港や隣接都市に行くことはできない。

ガイドブックには、プチ・タクシーに乗り込んだら、料金でもめないようにメーターを動かしてもらうと書いてある。確かに、ラバトではその手法で通用する。しかし、カサブランカは人であふれ、空車のタクシーを見つけることは難しい。既に誰かが乗っているタクシーが止まり、方向が同じなら乗せてやると言われることになる。メーターは使っておらず、降りるときに料金を聞くと、いくらでもいいよと返ってくる。もちろん、足元を見て多めに請求する運転手もいるが、料金は慣習的に運用されているのだ。地元の人は適当に交渉して払っている。

そのような経験も観光の魅力のひとつだが、トラムのような確定した料金のシステムに、つい安心感を覚えることも確かである。トラムは現行システムに慣れた市民の利便性よりは、カサブランカの観光化に大きく寄与するだろう。

ラシク（2002）は、カサブランカの大きな都市計画は、いつも危機に対応して行われてきたとしている[10]。最初のプロストの都市計画は保護領化への反発、エコシャールの計画はフランス統治に対抗する民族主義の台頭、そして1980年代に計画されたものも、1981年の暴動に対応して進められたという。カサブランカの都市計画は、治安対策だというのである。実際のところ、1984年に創設された都市計画をあずかるカサブランカ都市機構は、内務省の管轄である。

現在のモロッコ社会には、どのような問題があるだろうか。1999年に即位したモハメド6世は、街角のどんな小さな店にも肖像写真が飾られている。1971年のクーデタ未遂のあと、弾圧を強めた前国王の時代と比べ、民主化を進める姿勢も見せており、人気もあるようである。しかし、王宮の財産、高学歴者の失業など、不満がたまっていないというわけでは決してない[11]。少数ながら、自爆テロや「アラブの春」に連動したデモなども起こった。

現在の都市計画事業は、やはり治安対策を含むのだろうか。そうであるなら、それはモロッコ社会をどのように整形しようとしているのか。またそれは、フランス統治の影響を残しているのだろうか。カサブランカの今後の動きに注目していきたい。

謝辞：本文中でお名前を挙げた方々のほか、JICAモロッコ事務所の工藤健一さん、考古学者のオマール・ケラズさんには、訪問先の選定からアポイントまで、たいへんお世話になった。また、兵庫県立大学の三田村哲哉さんには、不案内な土地に同行していただき、建築史の立場からの研究上の交流をしていただいた。ここに記して感謝したい。

付記：本稿は2012年に日本都市地理学会によって発行された『都市地理学』7（2012）に掲載された論文である。人口や図版、語句のわずかな修正を除き、当時のまま再掲する。

注

1) Cf. Belfquih, M' hammed et Abdallatef Fadloullah, 1986, *Mécanismes et formes de croissance urbaine au Maroc : cas de l' agglomération de Rabat-Salé, 1. De la Médina à l' agglomération millionaire*, Librairie El Maârif, Rabat, p.45 モロッコ現地の側の死亡者数などは不明である。
2) Zeynep Çelik, *Urban Forms and Colonial Confrontations: Algiers Under French Rule*, University of California Press, 1997
3) Lortie, André (dir.), *Paris s' exporte : modèle d' architecture ou architectures modèles*, Pavillon de l' Arsenal et Picard, 1995, p.115
4) Hillali, Mimoun, 2007, *La politique du tourisme au Maroc : Diagnostic, bilan et critique*, L' Harmattan
5) 松原康介 2008『モロッコの歴史都市フェスの保全と近代化』学芸出版社
6) カサブランカ、ラバトの人口については Le Maroc en chiffres 2015, p.14 (Haut-Commissariat au Plan du Maroc)
7) 2011年9月、文化省サミール・カファス氏へのインタヴューによる。
8) 2011年9月、カザ・メモワールのロール・オジュロー氏へのインタヴューによる。
9) Cohen, Jean-Louis et Monique Eleb, 1998, *Casablanca : Mythes et figures d' une aventure urbain*, Editions Hazan / Editions Belvisi, p.211
10) Rachik, Abderrahmane, 2002, *Casablanca : L' urbanisme de l' urgence*, Imprimerie Najah El Jadida
11) Guidère, Mathieu, 2011, *Le choc des révolutions arabes*, Autrement. Gozlan, Martine, 2011, *Tunisie, Algérie, Maroc : La colère des peuples*, L' Archipel

5章 伝統的交易・イスラーム都市ザンジバルと
　　植民地体制下に建設された都市ナイロビ

水野　一晴

1. アフリカの都市の類型化

　現在アフリカ諸国においては、人口の大都市集中、中小都市の発達とそれにともなう地域社会の組織化が進んでいる（日野、1999）。たとえば、コンゴ民主共和国（旧ザイール）のキンシャサは、1940年に5万、59年に40万、68年に100万を超し、99年に488万、2014年には1012万にもなり、ナイロビ（ケニア）では58年に27万、68年に48万、86年に91万、99年に214万人、2015年には390万にも達している。

　都市人類学者サウゾールは、アフリカにおける諸都市をA，B二つのタイプに類型化することを提唱した。Aタイプは、ヨーロッパによる植民地支配以前からある交易都市、Bタイプは、植民地支配の都合にあわせて上からつくられた都市である。ナイロビ（ケニア）、アビジャン（コートジボワール）、ダカール（セネガル）など植民地の首都や地方都市、ルアンシャ（ザンビア）、ルブンバシ（コンゴ民主共和国）などの鉱山都市がBタイプにあたる。オコナーはAタイプの都市をさらに土着都市とイスラーム都市に分け、Bタイプを植民地都市とヨーロッパ型都市にさらに下位分類した。植民地都市とは、植民地の行政上の拠点として、もともとあったアフリカ人の集落に覆いかぶさって建設された都市で、ヨーロッパ型都市というのは、白人行政官のみならずヨーロッパからの移民の居住を第一義として人為的につくられた、植民者のための都市である（松田、2001）。しかしながら、アフリカの都市社会は、内部の構造をみるとき

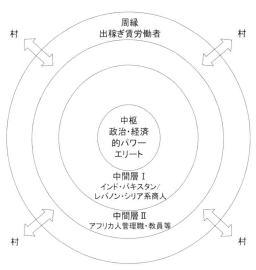

図1　アフリカ都市の4層構造（松田、2001）

きわめて類似した四層構造を示している（図1）。まず、中核には、旧植民地宗主国の白人とそれを継承したアフリカ人パワーエリートがある。そのまわりをインド・パキスタン系（東アフリカ）やレバノン・シリア系（西アフリカ）の商人階層が取り囲む。つぎに、彼らの周縁には、独立後新たに出現した国

写真1　ザンジバルの中心、ストーン・タウン（インド洋岸にスルタン王宮や「驚嘆の家」（スルタン迎賓館）など歴史的建造物が並ぶ）（水野一晴撮影）

家や地方公務員からなるアフリカ人の中産階層が続く。そしてその外部には圧倒的多数派として、膨大な数のアフリカ人出稼ぎ民が位置している（松田、2001）。

この章では、上記の2つのタイプ分けに従い、伝統的交易都市でイスラーム都市であるザンジバルと植民地体制下に建設された都市ナイロビを例に取り上げ、その都市景観を検討する。

2. 伝統的交易・イスラーム都市ザンジバル

珊瑚礁の島ザンジバル（ウングジャ島）は、佐渡島の約2倍の面積で、ペンバ島などザンジバル諸島の人口は130万人（2012年）である（写真1）。ザンジバルの繁栄は季節風とダウ船によるところが大きい。11月−3月には北東季節風が吹き、4月−9月には南西季節風が吹くため、中東・インドとアフリカ東岸の間に帆船のダウ船が往来し（写真2）、貿易が盛んになった（図2）。そのため、バンツーアフリカとアラビアが融合し、スワヒリ文化が生まれたのである。

8-9世紀頃から、ペルシャ湾からムスリムのペルシャ人（シラジと自称）が東アフリカ沿岸部に移住し、ザンジバルは15世紀末までにシラジの独立スルタン王朝ができた。1499年に、

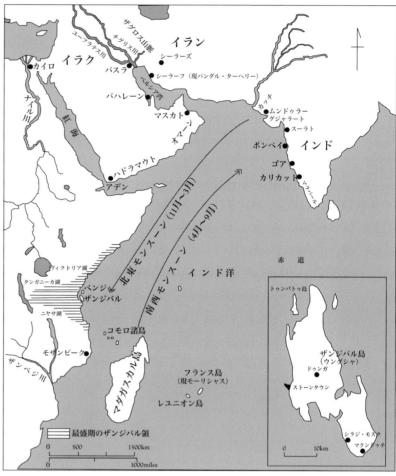

図2　19世紀のインド洋西域と東部アフリカ（富永、2001）

バスコ・ダ・ガマがザンジバルを訪れたのをきっかけに、16世紀初めにはポルトガル人が東アフリカ海岸を約200年間支配した。しかし、オマーンのサイード・ビン・サイイドがポルトガル人を追放し、ザンジバルの王となり、1832年には宮廷をザンジバルに移した（写真3）。以降、ザンジバルに繁栄がもたらされる。当時のザンジバルは喜望峰回りの東西貿易の重要拠

写真2　季節風を利用してインド洋交易に活躍したダウ船（孫暁剛撮影）

写真3　スルタンが式典用に建てた宮殿「驚嘆の家」（The House of Wonder）（写真中央）とスルタン王宮（写真左）（孫暁剛撮影）

点だったほか、黒人奴隷や象牙の輸出港としても栄え、奴隷を使って丁子(グローブ)の栽培も盛んになり、スルタンに大きな富をもたらした。

サイード王は輸入関税の引き下げと輸出税の廃止により外国人商人の誘致をはかり、インド洋西域に拡散していた商業ネットワークをザンジバル島中心のネットワークに再編した。ザンジバルではインド人商人、アラブ系のスワヒリ商人、内陸部のアフリカ人商人が活躍することになる。とくに商取引にからんだイスラーム独特の代理人制度が、ザンジバルにおけるインド人社会を拡大する結果になり、1836年に200人足らずであったインド人は19世紀末には8千人を超えた(富永、1995)。

ザンジバルの繁栄の影には奴隷制があった。アフリカ人が奴隷としてイスラーム世界に運ばれたのは、サハラ・ルートで10-15世紀を最盛期として総数622万人にのぼった。一方、紅海とインド洋ルートで運ばれた数は、19世紀を最盛期として総数330万人で、その最大の奴隷市場がザンジバル島にあった。ザンジバルの重要な輸出品であるクローブの収穫に奴隷は不可欠だったのである。1886年のザンジバルの人口推計によれば、ヨーロッパ人およびゴア出身のインド人キリスト教徒2百人、インド人7千5百人、アラブ人4千人、ザンジバル人3万人、解放奴隷2万7千人、奴隷14万人である。1873年にザンジバルはイギリスと奴隷売買を止める条約を結び、その日にザンジバルの奴隷市場は閉鎖された。その後、その場所には大聖堂が建てられたが(写真4)、地下には当時の牢獄などが今でも残っている。

図3 ザンジバル、ストーン・タウンにおける建築物の区分 (Siravo and Bianca, 1996)

写真4 奴隷市場跡に建設された大聖堂。地下には当時奴隷を収容した牢獄が今も残されている。(水野一晴撮影)

1948年の統計によればザンジバル人口26万5千人のうち、アフリカ人が20万人、アラブ人が4万5千人、インド人が1万6千人、その他が4千人になっている(富永、1995)。

以上のような歴史を辿ってきたザンジバルは、その都市景観に歴史が大きく繁栄されている。ザンジバルの中心は、2000年に世界遺産にも登録されたストーン・タウンと呼ばれる地区である(図3)。ストーン・タウンは、イスラーム特有の複雑に入り組んだ迷路になっている(写真5)。ストーン・タウンは四つの街区(シャンガーニ、マリンディ、ダラジャニ、

写真5 ストーン・タウン。イスラーム都市特有の細く迷路のような路地(水野一晴撮影)

表1　伝統的建築物の分類
(Siravo and Bianca, 1996)

	建築物数
店舗付きインド風建築物	546
アラブ様式建築物	426
インド様式建築物	108
スワヒリ様式建築物	92
ヨーロッパ様式建築物	74
ヨーロッパ風市民建築物	57
モスク（スンニー派、ハワーリジュ派）	44
モスク（シーア派）	7
ヒンズー教寺院	2
キリスト教会	2
その他	8

写真8　ストーン・タウンのインド洋式建築（榊原寛撮影）

バカニ）から構成され、その建築物のうち8割以上が伝統的な建築物だ。それらはその由来にしたがい、用途や構造、建材、装飾の類似性を考慮して、表1のように区分される（図3）。一番多いのが店舗付きインド風建築物である（写真6）。すなわち2階にバルコニーを持つようなインド風建築物であるが、1階が店舗になっている。これは全体の32%を占めている。次に多いのが25%を占めるアラブ様式建築物であり（写真7）、さらにインド洋式建築物が続く（写真8）。郵便局など、市民のための公共施設はヨーロッパ風の建築物が一般的である。ザンジバルは珊瑚礁の島であるため、これらの建物の壁は珊瑚を積み上げモルタルで固めて造られている。したがってストーンタウン全体が白く、それがザンジバルの青い海と空によく映えている。そして、多くの建物に取り付けられている見事な彫刻の木製の扉、すなわちザンジバル・ドアもザンジバルの特徴となっている（写真9、10）。

ストーン・タウンには大きく分けて3種類の市場、すなわち船着き場に近い魚市場、タウンのはずれにある公設市場、町の中心部の細い通りに軒をつらねる常設店舗がある（富永、1995）。魚市場と生鮮食料品を扱う公設市場は小売りと卸を兼ねており、すべてアフリカ系の人々が仕切っており、日用雑貨を商う常設店舗は、インド系かアラブ系商人によって商われている。インド洋を往来する貿易船を遠望できるシャンガーニ地区の海岸沿いには、重要な歴史的建造物が建ち並ぶ

写真6　ストーン・タウンの店舗付きインド風建築（榊原寛撮影）

写真7　ストーン・タウンのアラブ様式建築（榊原寛撮影）

写真9　アラブ風ザンジバル・ドア（榊原寛撮影）

（写真1）。代表的なものとして、「驚嘆の家（House of Wonder）」（スルタン迎賓館）やスルタン宮殿などがある（写真3）。

このストーン・タウンの中にはかつてジャパニーズ・バーがあった（写真11）。19世紀末から1920年代までがジャパニーズ・バーが繁栄した時期で、1900年頃から1920年代までは常に10人近くの日本人女性が娼婦として働いていた。彼女たちの多くは長崎、島原、天草の出身であり、「からゆきさん」として最初にシンガポール、その後ザンジバルまでやって来ている。最初にザンジバルに「からゆきさん」がやって来たのは1894-5年頃である。大阪商船が1926年にアフリカ東岸線の定期航路を開き、ザンジバルも寄港地になったため、ジャパニーズ・バーは日本船の来航で賑わった。その最大の顧客が船員だったのである。ザンジバルには当時、イギリス、ドイツ、フランス、ポルトガル等の客船や貨物船が定期的に来航し、1920年代にはザンジバルに5つのバーがあったが、そのうちジャパニーズ・バーは英国バーとともに最も繁盛していたという（白石、1995）。

写真11　ストーン・タウンの中で1920年代に繁盛したジャパニーズ・バーの跡。遠く日本から来た「からゆきさん」たちが働いていた（水野一晴撮影）

3. 植民地体制下に建設された都市ナイロビ

ナイロビは1890年代初めまでは広大なサバンナの静かな土地であったが、1894年にイギリスがこのあたりの領有を宣言し、イギリス領東アフリカ保護領を成立させた後、1899年にインド洋岸の港町モンバサから内陸を目指して延びたウガンダ鉄道がナイロビまで到達した直後、首都がモンバサからナイロビに移された。ナイロビが首都に選ばれるための有利な立地条件として、ウガンダ鉄道の起点モンバサとビクトリア湖岸の町キスムとの中間地点であることや大地溝帯の東の崖縁に位置し、そこから険しいキクユ高地に登るための機関車の連結基地として適していることなどがあげられる（松

写真10　インド風ザンジバル・ドア（榊原寛撮影）

写真12　ナイロビの中心街（孫暁剛撮影）

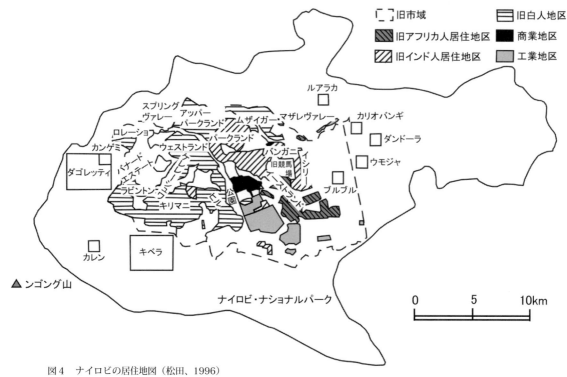

図4 ナイロビの居住地図（松田、1996）

田、1999）。

 ナイロビは現在では300万人を超す東アフリカ第一の都会になっている。中心の市街地には高層ビルがそびえ、多国籍企業のオフィスやホテルが建ち並ぶ（写真12,13）。

 ナイロビは歴史的に見ると大きく4つの異なった性格を持つ居住地区としてまとめることができる（図4）。第1の核は、ナイロビの旧市域内に植民地政府の人種別居住規制によってつくられた、かつてのアフリカン・ロケーションと呼ばれたオリジナルなアフリカ人街である。それはプムワニやカリオコーなどナイロビで最も古いアフリカ人の町からなるイーストランド地区とその北側に続くイシリー地区とマザレ地区を含んでいる。ここは、市の中心部に隣接するナイロビ川とマザレ川に挟まれた低地にあり、川沿いの湿地は特にスラム化の進行が著しい（松田、1996）。

 その他の核は独立後にナイロビに編入され、急激に出稼ぎ民都市化していった郊外の居住地区であり、拡張した新市域の南部、西部、東部に位置している。ひとつは、19世紀末にスーダン南部からイギリスが強制連行してきたヌビア人傭兵のための軍用居留地であったものが、1940年代以降からスクウォッター（不法占拠）化し、出稼ぎの町となった南部のスラム街、キベラ地区である（写真14）。もうひとつは、ジュンバはじめ西ケニアからの出稼ぎ民が都市コロニーをつくっているカンゲミ、カワングゥレなどの市の西部境界に位置するダゴレッティ地区で、1960年代以降、近郊農村が簡易長屋街に変身して急激に膨張したところである。そして最後の核は、ダンドラやカリオバンギなどの町など、

写真13 ナイロビの中心街の近代的な建物と植民地統治時代の建物（孫暁剛撮影）

写真14 ナイロビのスラム、キベラ（1998年）。アフリカの都市はゴミが大きな問題になっている（水野一晴撮影）

写真15 キベラの中で軒を連ねている店（1998年）。生活に必要な様々な物が売られている（水野一晴撮影）

1980年代に新たに自主的開発が進行しつつある東部の居住地区である（松田、1996）。

キベラの場合、現在人口が約100万人と言われている。イギリスに強制的に連行されてきたヌビア人は、その後必要とされなくなったときにブッシュに放置されたため、自力で小屋を建て始めた。しかし、植民地政府が計画的なナイロビの都市開発を推進しようとしたとき、キベラに住むヌビア人は追い出されるはめになる。それに対抗するため、彼らはキベラに無許可で長屋をつくり、ナイロビに流入するルオなどの出稼ぎ民たちに賃貸しし、キベラの人口は急増することとなった（早川、2002）。

キベラのようなスラムでは様々なインフォーマルセクターの経済活動が発達している。キベラのスラムは、ナイロビとキスムを結ぶ鉄道の線路沿いに展開しているが、その線路脇には様々な生活用品を売る屋台のような簡単な店が延々と軒を連ねている（写真15）。スラムの中には、廃タイヤからゴム草履、古いブリキから鍋やフライパン、廃材から家具というように、いろいろな資源をリサイクルして製造・販売する、主に男性による手仕事もあれば（写真16）、仕立屋や美容院（写真17）など女性が活躍する商売など多種多様の仕事場が混在している。一方、スラムの中には病院や公立小学校などはなく、キリスト教の教会やNGOなどによって運営されている小学校があるに過ぎない（写真18）。

キベラの中でも比較的経済力のあるわずかな人たちが水道を引き、多くの人たちがその水を買って暮らしている（写真19）。また、ゴミはいたるところに捨てられ（写真20）、トイレも限られているため公衆衛生面に問題が多い（写真21、写真22）。トイレは長屋に一つあるのが一般的で（長屋の大家が一つのトイレを設置）、20〜40世帯にトイレが一つあるくらいの数である。長屋にトイレがない場合は公衆トイレを使用する。公衆トイレは1回紙代を含んで5ksh（約6円）く

写真16 キベラにおけるベッドなどの家具の製造者（1998年）（水野一晴撮影）

写真17 キベラにおける美容院（1998年）（水野一晴撮影）

写真18 キベラでNGOによって運営されている小学校(2002年)(水野一晴撮影)

写真19 水道を引いた人が水を売っている(2015年)。水の値段は、20リッターあたり2〜5ksh(約2〜6円)(水野一晴撮影)

写真20 ゴミの横で遊ぶ子供たち(2015年)。このスペースは政府によって強制撤去された住宅跡。現在、次々とスラムの住居が強制撤去されている(水野一晴撮影)

写真21 キベラにはトイレも限られ、有料で使用されているが、その衛生上の問題も大きい(2015年)。この共用トイレの場合、利用1世帯あたり月300ケニアシリング(約360円)を家主に支払う(水野一晴撮影)

写真22 住居のあいだをトイレからの糞尿の汚水が流れ込み、強烈な悪臭が漂っている(2015年)(水野一晴撮影)

写真23 スラムの住居の屋根から伸びる電柱と電線やテレビのアンテナ群(2015年、水野一晴撮影)。写真14(1998年)の景観とその点が大きく異なっている。電線は不法につないで電気を盗んでいる場合が少なくない

らいだ。トイレの数が少ないのは、トイレをつくるにはこのあたりの固い岩盤を掘らなければならず、岩盤の上にバラックの家を建てるより建設費がかかるためである。

　ある世帯の場合、6畳くらいの広さの部屋を月1500ケニアシリングksh（約1800円）で家主から借り、そのほかに月300ksh（約360円）の電気代を家主に払っている。電線から勝手に線を引っ張って電気を盗んでいる場合もある（写真23）。この家庭の場合、夫は健康に問題があるとして働いておらず、妻が野菜を売って1日に約50ksh(約60円)を稼ぎ、ときどき洗濯の仕事もして、洗濯をした日は300ksh（約360円）くらい稼ぐというが、家賃を払うだけで精一杯だ。洗濯は、固定客の家にときどき御用聞きに回り、その家の軒先で洗濯をして、1回100kshからで、半日洗濯をして400kshくらいになるという（水野、2016）。

　キベラでは、都市化と居住の問題に取り組む国連機関である国連ハビタットUN-Habitat（国際連合人間居住計画）とケニア政府によってスラムの住民をスラム外の新住居に移住させて、スラム街を解消させる計画が実行されている。そう言うと聞こえはいいが、実際には身分証明書をもっているものだけが新住居に入居できるため、貧困でまともに病院で生まれなかった人、とくに女性はそのような身分証明書をもっておらず、スラムから閉め出されて、ささやかな住まいさえ失うことになった（水野、2016）。

　このように現代のナイロビは地方から出稼ぎ民が流入し、膨張、発展していって形成された。ナイロビは急成長するものの、白人は小高い丘の上に豪華な邸宅を建て、小売りと小規模金融業を独占するインド人は、中心部近くに居住地を構え、強制連行されたヌビア人はキベラ地区に、アフリカ人は二つの川に挟まれた低湿地沿いの劣悪な環境にと、人種間の居住の分離が都市景観にも大きく反映されているのである。

付記：本稿は『都市地理学』3（2008）に掲載された「伝統的交易・イスラーム都市ザンジバルと植民地体制下に建設された都市ナイロビ」に加筆したものである。

文献

白石顕二　『ザンジバルの娘子軍』社会思想社　1995

富永智津子　『ザンジバルの笛』　未来社　2001

早川千晶　『ケニアの働く女性』女性と仕事の未来館 2002

日野舜也　都市、そして民族の生成　川田順造編『アフリカ入門』新書館 277-285　1999

松田素二『都市を飼い慣らす』河出書房新社　1996

松田素二　都市、そして民族の生成　川田順造編『アフリカ入門』新書館　286-291　1999

松田素二　現代アフリカ都市社会論序説 島田義仁・松田素二・和崎春日編『アフリカの都市的世界』世界思想社 170-193　2001

水野一晴　『人間の営みがわかる地理学入門』ベレ出版　2016

Francesco Siravo and Stefano Bianca ．Zanzibar: A plan for the Historic Stone Town. The Gallery Publications 1996

6章 ジンバブウェ共和国ハラレ市にみる
ポストコロニアルアフリカの都市景観

飯田 雅史

1. 南部アフリカの大都市ハラレ

　ハラレ市は南部アフリカの内陸国ジンバブウェ共和国の首都で、国土を南北に走る中央高地（high veld）の北部、標高約1,500mに位置する高原都市である。町には北東から南西にかけてムクヴィシ川が流れており、年間約820mmの適度な降水量や肥えた土壌、冷涼な気候など、人が集住するのに適した自然環境が整っている。いくつかの小さな丘がある以外はほぼ平坦な地形で、中心部に位置する高さ約60mのコピ（アフリカーンス語で「丘」を意味する）からは町全体を見渡すことができる（写真1、2）。

　ハラレの都心は格子状に区画が整備され、高層ビルが立ち並ぶ。街中には、入植者がはじめにフォート・ソールズベリーを築いた地にあるアフリカ・ユニティスクウェア（旧セシル・スクウェア）やハラレガーデンなど、大きな公園も広がっている。また、郊外にはいくつものゴルフ場から競馬場、サファリ・パーク、モーターレース用のサーキットに至るまで多くの娯楽施設が備えられている。街路樹としてはジャカランダと火炎樹が多く植えられており、毎年9月から11月にかけてそれぞれ紫と赤の花が町中を彩り、人びとの目を楽しませている。このようにハラレには一見するとアフリカとは思えないような都市景観が広がっている。

　現在、ハラレ市は約150万の人口を擁する南部アフリカ地域の主要都市として機能している。しかしその都市としての歴史は、大英帝国の出先機関であったイギリス南アフリカ会社の入植隊であるパイオニアコラムが到着した1890年、すなわち今から約130年前に始まったばかりである。つまり、ハラレはケープタウンやナイロビなどとともに典型的な植民地行政都市として建設された町だ（第5章を参照）。そして現在のハラレの都市景観も植民地行政都市としての歴史を色濃く反映したものとなっている。以下では、この特徴が顕著に現われている旧アフリカ人居住区、現在の高密度人口地区（High Density Area）に焦点を当てることでポストコロニアルアフリカにおける都市景観の一端を考察することを試みたい。

2. アパルトヘイトシティの空間構造

　はじめに、ハラレを語る上で欠かすことができない特徴的な空間構造から、その都市景観を考えてみよう。
　ヨーロッパ人の入植以前、現在のハラレ周辺地域ではショナ民族のいくつ

写真1　1896年当時のハラレ市
（出典 National Archives of Zimbabwe, Photographic Collection）

写真2　2004年現在のハラレ市。写真1と同じ方向に向かって筆者撮影。

写真3　1914年当時のマニカロード。（出典 National Archives of Zimbabwe, Photographic Collection）

かのチーフが勢力を争っていた。その中でもこの地域一帯を支配していたネハラワや、その下でコピ周辺を治めていたチーフ・ムバレ、現在のヒルサイド周辺を治めていたチーフ・グツァなどが知られている。ただ都市としての本格的な整備がはじまるのは1890年9月にフランク・ジョンソン率いるパイオニアコラムが到着し、セシル・スクウェアにユニオンジャックが掲げられて以降のことである。1891年には初めての都市計画が作成され、コピ地区とセシル・スクウェアの間に整然とした都市区画が計画された。ヨーロッパ人の入植者達は当初コピ地区に居住していたが、次第に中心は現在官庁街となっているコーズウェイ地区に移り、その後マニカロード（現在のロバート・ムガベロード）沿いに町は拡大していった（写真3）。そしてヨーロッパ人入植者達は1．で述べたような一見すると西洋近代的な都市をこの地に作り上げていく。しかしそれと同時にヨーロッパ人入植者の多かった南部アフリカ地域特有の空間構造をも形成し始めるのである。それがヨーロッパ人居住区とアフリカ人居住区、さらにはカラード（混血）居住区とを明確に分離したいわゆるアパルトヘイトシティとしての都市生成である。

はやくも1892年3月にはソールズベリー公衆衛生局の交付により現在のムバレ北部のマガバ区周辺、ちょうどメソジスト教会の北側に初めてのアフリカ人向けのロケーション（指定居住区）が設置された。その後、同ロケーションが1907年にハラレ（ハラリ）タウンシップとして現在のムバレ地区の場所に移設された後も、1935年にハイフィールド、1950年代にマブク、ムファコセ、ルガレ、1960年代にズィバレセクワ、カンブズマ、タファラ、1970年代にグレンノラ、グレンビューなど数多くのアフリカ人用のロケーションが建設された。独立後も同様の地区の開発は進められ、ウォーレンパークやクワザナ、ハットクリフ、ブディリロなどが設置されている。

これらのアフリカ人用の居住区は市の南西部に集中しており、独立後に設置されたハットクリフを除くと、北東部に位置するのは市の極東に設置されたマブクとタファラのみである（図1）[1]。この2つの地区は市の北東部に集中しているヨーロッパ人の家庭で雇用される家事使用人の居住区として設置された経緯がある。そしてこれらの居住区ですらヨーロッパ人居住区からは広大な空き地を挟み遠く離れた地に設置された。

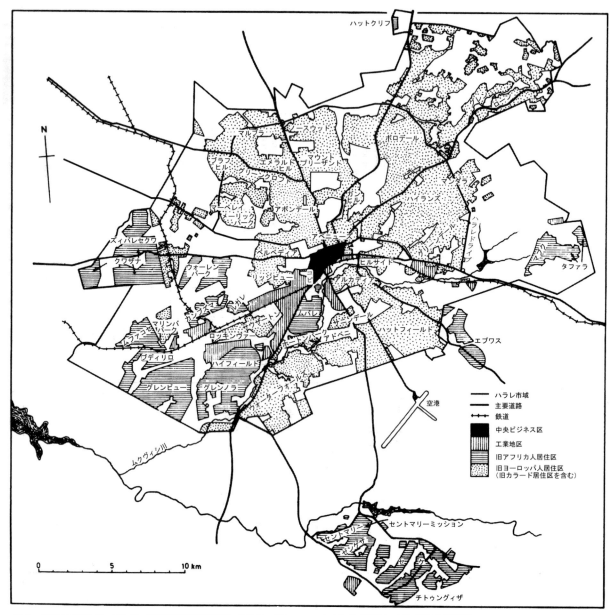

図1　1989年当時のハラレ市。現在では市域が広がっている。(Zinyama et al (ed.) 1993：p10) をもとに作成

　ヨーロッパ人居住区を北東に、アフリカ人居住区を南西に配置するという空間構造はハラレ市周辺の地形が大きく影響している。この地域は全体として北東から南西にかけて緩やかな傾斜があると同時に川の流れや風向きなどもそれと同様南西方向に流れており、いわば山の手と下町の関係にヨーロッパ人居住区とアフリカ人居住区とが対応しているといえる。イギリス帝国の植民地都市の特徴としてその徹底的な現地住民の居住に対する管理が知られているが（ホーム 2001 参照）、ハラレもその例外ではなかった（Racodi 1995）。特に初期植民地期において都市部の人種別隔離政策は道徳的にも衛生的にも強く入植者側から要請された事案であった（Yoshikuni 2007）。そして両者の分離は空間的なものに留まらず、当然実態的なものにも反映された。

　図2は同縮尺で示された両居住区の比較であるが、ひと目でアフリカ人居住区の稠密さが見て取れる。実際に歩いてみるとその差は歴然としている。ヨーロッパ人居住区では幅の広い道路や街路樹が整備され、各敷地内も広大でプールや時にはテニスコートまである豪邸が立ち並んでいる（写真4）。一方、アフリカ人居住区には街路樹は

写真4 ヨーロッパ人居住区の街路。幅が広く街路樹が整然と植えられている。筆者撮影。

写真5 アフリカ人居住区の街路。幅が狭く、水はけが非常に悪い。筆者撮影。

ほとんどなく、舗装されていない道路も依然多く残されており水はけも極端に悪いため、大雨が降ると簡単に道路は冠水してしまう（写真5）。敷地は狭く、庭はあったとしてもわずか車1台分程度の広さしかない。

こうしたヨーロッパ人居住区とアフリカ人居住区との対比は交通網にも反映されている。ヨーロッパ人による支配に反対するアフリカ人同士の結集を恐れた当局は各アフリカ人居住区を離して設置しただけではなく、その間の道路網を限られたものにした。現在までアフリカ人居住区同士を結ぶ環状の道路は少なく、庶民の足となっている

コンビ（コミューターオムニバスの略称）と呼ばれるミニバスの路線もそのほとんどが町の中心部から放射線状に延びた道路に沿ったものであり、中心部を介さずには別の地区に行くことができないようになっている。市の北側を環状に走るハラレドライブが南側に続いていないことからも分かるように、特にアフリカ人居住区同士の繋がりをできるだけ分断しようという意図が現在の都市の交通網からも窺い知ることができる。

独立後、ヨーロッパ人向けの居住区、アフリカ人向けの居住区、またカラード向けの居住区といった区分けは

法的には撤廃された。しかしながら現在まで、旧ヨーロッパ人居住区であった地域の多くは社会経済的な地位の高い人々が住み、旧アフリカ人居住区にはそうではない人々が住むという構図が続いている。現地の人にとっては旧アフリカ人居住区の家から旧ヨーロッパ人居住区に移り住むことが成功の証のひとつであるとされ、植民地期の二分法は各地区の社会経済的な地位に関して厳然と残されている。さらに新たな高級住宅地として開拓されているボロデール・ブルックのような地域は、やはりハラレの北東地域に開発されている。このように植民地期の人種別の地域開発を基盤とした空間構造は現在の都市開発にも大きな影響を与えている。

3. アフリカ人居住区の景観

次にアフリカ人居住区の一例を取りあげて具体的にその様子を見ていくことにする。

図2 左はアフリカ人居住区のハイフィールド、右はヨーロッパ人居住区のマウントプリーザントの住宅区画。（ホーム 2001：p216）をもとに作成

3-1. 典型的なアフリカ人居住区としてのムバレ

　市の中心部から南西に3km離れた地にあるムバレは、その設立の経緯や発展の仕方から典型的なアフリカ人居住区として知られている。市の中心部からこの地区へと導くキャメロンストリートをたどって鉄道の高架をくぐり抜けると、道路は二手に分かれており、左は商店や工場が立ち並ぶハラレドライブに、右はメソジスト教会やペザナモ古着市場、フラットが立ち並ぶリメンバランスドライブにつながっている。

　高架をくぐる前のコピ地区は現在では問屋街が広がり、多くの人が行きかっているものの、それでも建物や区画は整然としている。しかし高架をくぐり一旦ムバレに入ればそこは別世界で、手押し車に果物や野菜を満載して売り歩く売り子やペザナモの古着市場で大量に仕入れた商品を両手と頭に乗せて歩く行商人、フラットの前でサッカーをする子供たちなど一気に下町的な生活世界が広がるのである。特に顕著なのは日曜日で、ほとんどのオフィスや商店が閉まり閑散とする中心街とは対照的に、ムバレではおそろいの制服を着た教会に向かう女性の集団やバスターミナルへ向かう人やそこから吐き出されてきた人びと、あるいはサッカーを観戦するためにルファロスタジアムに集まる若者など大勢の人でにぎわっている。

3-2. ムバレ略史

　1892年3月、ソールズベリー公衆衛生局の公布により現在のマガバ区周辺、メソジスト教会の南にはじめてのアフリカ人向けロケーションが設置さ

写真6　マタンク（手前）とオールドブリクス（奥）。（出典 National Archives of Zimbabwe, Photographic Collection）

れた。ここは白人の主な居住区であったコピ地区の南1kmに位置し、居住者には白人の監督官の管理の下に夜9時以降の夜間外出禁止令や労働契約証明証や求職許可証といった身分証を携行する義務等様々な制約が課されていた。当初は住人自らがハット（農村部で見られるとんがり屋根の藁葺きの家屋）を建てることになっており、20世紀初頭までには26のハットが建てられていたという。その後、コピの入植者からの請願などもあってこのアフリカ人向けロケーションは、1907年に現在のルファロスタジアムとムバレムシカ市場の間に移設される。この地は北西に墓地、東にはムクヴィシ川が流れており、約25haの広さがあった。貯水タンクに似ていることからマタンク（Matank）と呼ばれた住宅地区が作られ、それは亜鉛の壁に草葺の屋根といった外観を呈していた。1920年代初頭になるとマタンクはオールドブリクスと呼ばれた台所付きの一部屋建てレンガ作りの建物に取って代わられる（写真6）。そしてこのオールドブ

リクスもまた1960年代には取り壊されることになる。

　1930年の土地配分法によりアフリカ人は都心の住宅街から締め出され、チトゥパ（Chitupa）と呼ばれたIDの所有を義務づけられた。その後、ヨーロッパ人たちはアフリカ人労働者向けのフラット建設を思い立ち、現在でもこのフラット群はムバレの特徴的な景観のひとつとなっている。これらのフラットは男性単身労働者向けの建物で、女性や男性労働者の配偶者を居住させるスペースは存在しなかった。フラットは全て1部屋ごとに区切られ、風呂場やトイレは共同の設備となっている。

3-3. ムバレの各地区の様子

　ムバレの中にはいくつかの特徴的な街区を形成している地域があり、その中でもよく知られているのがジョーバーグラインとナショナルと呼ばれる地域である。ジョーバーグライン（ジョーバーグとは南アフリカの都市ジョハネスバーグのこと）、通称マジュベ

写真7　ムバレのセミデタッチハウス。筆者撮影。

キは当初、南アフリカの鉱山に出稼ぎに出かける単身男性労働者向けの一時的な住宅地として建設された。そのためバスターミナルのすぐ前にあり、長い間学校や病院等が存在しなかった。この地域の各家庭には水場やトイレ施設はなく、現在まで共同の水場やトイレを複数の家庭で共用している。

マジュベキは下町的な雰囲気の漂うムバレの中でも特に活発な地域で、市場やバスターミナル周辺を行き来する人でいつもにぎわっている。この地区は家屋のほとんどが一部屋のみで家賃が安いために、比較的若い住民が多いこともこの地区を活気付かせている一因となっている。

第二次世界大戦以後、産業が発達し、より持続的な労働者の確保が必要となったためアフリカ人の妻帯者向けの住宅、学校を建設する必要が生じてきた。そこで作られたのがナショナルである。ナショナルの名はその地を建設した National Construction Company に由来している。ナショナルに建設された住宅はセミデタッチハウスと呼ばれる一棟二軒建ての住宅で、それぞれの家にトイレと風呂の設備が備えられており、4〜5部屋からなる（写真7）。1940年代に建設が始められ、ソールズベリー市によって賃貸でアフリカ人の夫婦に貸し出された。独立後は持ち家計画（home ownership scheme）により買取りが可能となった。その後、庭に木造の小屋を建て間借り人から家賃を徴収する人が大勢出てきた。

ナショナルはマジュベキとは対照的に家庭的な雰囲気の漂う地区である。マジュベキに比べて幅の広い道路や敷地の広い住宅が全体的に余裕を感じさせる。長年この地に住み続けている高齢者が大勢いるのもこの地域の特徴といえるだろう。また、いくつかのプライマリースクールやセカンダリースクールがあることからも分かるように、子供が大勢住んでいる地区でもある。

ムバレは次にみるムランバツィナ作戦の影響によって、その人口構成や町並みが激変した。しかしながら都市に最も近いアフリカ人居住区でありかつ、国中へのアクセスのあるバスターミナル、そしてハラレの台所と呼ばれるムバレムシカ市場がある以上、これからもこの地区がハラレの活力の源となって行くことは間違いない。そしてこの地区は典型的なアフリカ人居住区として、その景観の変容は時代ごとの世相や政治状況を反映し続けるであろう。

4. ムランバツィナ作戦と都市行政

ジンバブウェ政府は 2005 年 5 月から全国の都市部においてムランバツィナ作戦（Operation Murambatsvina）と呼ばれる秩序回復作戦を実施した。政府は警察と軍隊を使って自治体に建設の届出を出していない「違法な」建造物の撤去を行い、住民に立ち退きを迫った。国連の報告書によればこのムランバツィナ作戦によって約 70 万人が住宅と生活の糧を失い、240 万人もの住人が間接的に影響を受けた。ハラレにおいてもその影響は絶大なものがあり、その結果、都市景観は大きな変貌を遂げた（写真8）。住民はその迅速さと被害の大きさから、この作戦をツナミと呼んだ。

ここで撤去された建造物の多くは高密度人口地区におけるキオスクや掘っ立て小屋、さらに路上の物売りや蚤の市などであり、いわば都市下層民の生活の糧と住処を対象としたものであった。ムランバツィナとは現地のショナ語で「ゴミの排除」を意味し、その名づけ方からしても政府の都市下層民に対する政府の態度が窺い知れる。そもそもこの作戦は同年 3 月に行われた議会選挙において与党が圧勝したにもかかわらず、都市部において苦戦を強いられたことへの腹いせ、乃至は将来

写真8　ムランバツィナ前後のムバレの変化。左は2005年4月、右は2005年6月。
（出典 http://news.bbc.co.uk/2/hi/africa/4101228.stm）

的な牽制の要素が強いものであった。

　ムランバツィナ作戦が行われ、多くの住人が強制的に住宅を追われたことは人道的に非難されるべき著しい人権侵害であることは間違いなく、国内に限らず国際的にもこの政策は大きな非難を浴びた。しかしながらその多くは2000年以降のムガベ政権による強権的な政治支配体制の一環という位置づけであった。むろんその側面を無視することはできないが、ここでもう一つ重要な側面であると考えられるのが、植民地時代以来続くジンバブウェにおける都市部の強権的な住宅規制についてである。

　ジンバブウェにはサブサハラアフリカの他の大都市に見られるようなスラムはほぼ存在しない。一番初めに設置されたアフリカ人居住区であるムバレがそのような表象を受ける場合が多々あるが、その様子は他都市のスラムとは程遠い。基本的に市が整備したプロットからはみ出るようには建築物は建てられることはなく、ムランバツィナ作戦で取り壊された「違法住宅」もそのほとんどはそうしたプロットの中にあったものである。これは植民地時代以来、都市部において違法住宅への厳しい取締りが行われていたためであった。つまりジンバブウェにおいては2005年に実施されたような都市部の違法建造物の撤去と都市景観の「再生」が植民地時代以来何度も行われており（例えばKay and Smout 1977やBourdillon 1991を参照）、今回の事件が決して初めてというわけではなかった。

　もちろんそれだからといって2005年の事件が正当化されるわけではない。しかしながら都市部の（政府にとっての）「違法住宅」が撤去されるというある種の都市支配文化は決して今日的な側面だけではなく、歴史的に連綿と受け継がれている側面もあるということに留意する必要があるだろう。現在はムガベ政権の強権的な政治手腕ばかりが取りざたされているが、同大統領の政治的手腕の中には少なからず植民地支配の遺制が見受けられる。そしてそうした植民地支配の時代から受け継いだ都市の行政手法が、人種別の居住区を設置するという都市の空間構造の継続と共に、ポストコロニアル期のハラレの都市景観を規定しているといえよう。

付記：本稿は『都市地理学』3（2008）に掲載されたものである。

注

1) 南東に位置するエプワスはもともとミッションの活動地として創設され、現在ではハラレ市域に含まれる地域となっている。

文献

ロバート・ホーム（布野修司・安藤正雄監訳）『植えつけられた都市：英国植民都市の形成』京都大学学術出版会　2001
Bourdillon, M.F.C. "Poor, Harassed but Very Much Alive: An Account of Street People and their Organisation" Mambo Press 1991
Kay, George and Michael Smout (ed.) "Salisbury: A Geographical Survey of the Capital of Rhodesia" Hodder and Stoughton 1977
Rakodi, Carole "Harare: Inheriting a Settler-colonial City: Change or Continuity" John Wiley & Sons 1995
Yoshikuni, Tsuneo "African Urban Experience in Colonial Zimbabwe: A Social History of Harare before 1925" Weaver Press 2007
Zinyama, L.M., D.S. Tevera and S.D. Cumming (ed) "Harare: The Growth and Problems of the City" University of Zimbabwe 1993

7章 ナミビアの首都ウイントフックの変遷と脱南アフリカの課題

藤岡 悠一郎

1. ナミビアの首都、ウイントフック

アフリカ大陸南西部、南緯22度付近の乾いたサバンナの大地にウイントフック（Windhoek）という都市がある。ナミビア共和国の首都であるこの街は、人口33万人（2011年）とアフリカの首都のなかでは比較的小規模であるが、中心部にはヨーロッパの都市を連想させるような美しい街並みが広がっている。しかし、この街を訪れる前に南アフリカ共和国の都市を訪問したことがある人は、この街の景観との奇妙な類似性を感じるだろう。その理由は、ひとつには1990年の独立までナミビアが南アフリカの支配下にあり、都市形成の過程で南アフリカと同様の方針がとられ、構造が似ているためである。もうひとつには、南アフリカ資本の商社がナミビアに多数展開しており、南アフリカの都市でみかける看板と同じものを頻繁に目にするためである。特に、食品や雑貨を購入する大型スーパーマーケットは、訪れる機会が多いうえ、その看板が大きいため目に付きやすく、南アフリカの都市との類似性を感じさせる主な要因となっている。

アフリカ諸国の都市景観の形成には、多かれ少なかれ植民地支配が影響を及ぼしてきた。特に南部アフリカで発達している都市の多くは、植民地政府によって形成された植民地行政都市あるいは鉱山都市であり（Southall, 1961）、植民地行政政府の政策に沿って形成されてきたという背景をもったため、なおさらである。なかでも南アフリカでは、アパルトヘイトの名で知られる人種隔離政策が推しすすめられ、都市部では植民地政府が定める「人種」[1]ごとに異なる居住区が設けられ、特異な都市景観が形成されてきた。

地理学者のダビエスは、植民地に特徴的な都市の形態を分離都市（Segregation City）とよび、さらにそのなかでアパルトヘイトのもとで形成された都市をアパルトヘイト都市（Apartheid City）と名づけ、両者を区別してモデル化した（図1）（Davies, 1981）。両者の相違点として、（1）分離都市では完全な分離が行われていない「混住区（Mixing zone）」が存在するのに対して、アパルトヘイト都市では完全なる分離が行われていること、また（2）分離都市ではCBD（商業地区：Central Business District）に近い場所に「アフリカ人」[2]の居住区があるのに対し、アパルトヘイト都市ではそれがないことが指摘されている（Davies, 1981; Lemon, 1991）。

ウイントフックもアパルトヘイト都市のひとつであり、1980年代の後半になってようやくアパルトヘイトからの脱却が実現した。人種別に分断された居住区間の往来が制限されるなかで、景観としても異質なものが併存していた街は、社会的平等を目指す政策

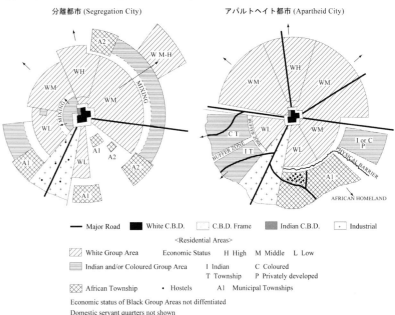

図1　分離都市とアパルトヘイト都市の模式図（Davies, 1981）

とともに徐々にその境界がぼやけつつあり、旧アフリカ人居住区の様相も変わりつつある。その変化の鍵となっているのは、中産階層の出現とショッピングモールや大型スーパーマーケットの展開である。殊に、そこで目を引くのは南アフリカ企業の進出である。南アフリカも90年代にアパルトヘイトの撤廃と民主化を実現し、諸外国からの経済制裁が解除され、新生南アフリカとして新たな道を歩み始めた。ウイントフックの都市景観にみられる脱アパルトヘイトは、新生南アフリカとの新たな関係のなかで進行しつつあるといえるだろう。本章では、ウイントフックの都市景観の重要な構成要素となっている南アフリカ系大型スーパーマーケットの展開を、南アフリカとの関係史に注目して検討してみたい。

2. アパルトヘイトと都市景観

ウイントフックは、1880年代から始まったドイツによる植民地支配を機に形成された植民地都市である。それ以前には、牧畜民のヘレロ人やナマ人の集落と放牧地が広がっていた。ドイツは隣国の南アフリカを支配したイギリスの統治方法をモデルとし、1915年までナミビア（当時南西アフリカ）の植民地支配を続けた。当時のウイントフックには統治のための居住区がすでに設けられ、居住地の統合や移住が進められるなど、分離都市の特徴がみられたようである（Simon, 1991）。その頃に建てられたドイツ様式の家屋や官公社は、現在のウイントフックの都市景観における重要な構成要素となっている。

第一次世界大戦でドイツが敗れた

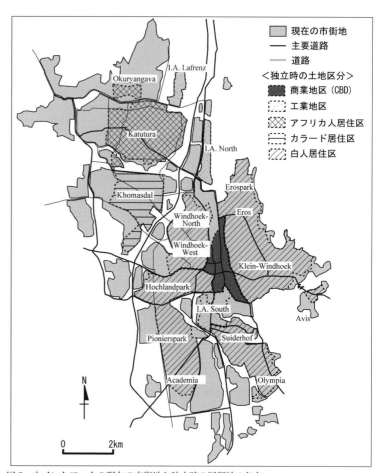

図2 ウイントフックの現在の市街地と独立時の居留地の分布
資料：独立時の居留地の分布は Simon(1991) をもとに作成（一部改変）。
現在の市街地の境界は衛星画像（Landsat 2004年撮影）をもとに著者作成。

後、南西アフリカは国際連盟により南アフリカの委任統治領とされた。そして南アフリカ本国では、1940年代から50年代にかけてアパルトヘイトが本格的に進められるようになり、人々を人種別に区分する人口登録法や、その登録に基づいて人々を決められた居住区に住まわせる集団地域法などが制定された。さらに、アフリカ人の都市部への流入を制限するためのパス法などの関連法案が次々と施行され、その多くは南西アフリカにも同様に適用されていった。ウイントフックでは、中心部にCBDが定められ、その周囲に白人の居住区が設けられた（図2）。なかでもクレイン・ウイントフック（Klein Windhoek）は白人富裕層が住む高級住宅街となった（写真1）。一方、アフリカ人は、中心部から最も遠い北西部のカトゥトゥラ（Katutura）やオクリャンガヴァ（Okuryangava）などの居住区が割り当てられ（図2）、そこへの移住が強制的に実行された。特に1959年には、かつてホッフラントパーク（Hochlandpark）周辺に立地していたオールド・ロケーション（Old Location）とよばれる地区で、強制移住に反対した市民によるデモの最中、警官が発砲し、11人が犠牲となる惨事が発生した（メルバー 1990）。

当時のカトゥトゥラでの生活は、アパルトヘイト関連法によって様々な制

写真1　クレイン・ウイントフックの高級住宅街（2014年著者撮影）

限を受けた。まず、地方からウイントフックに訪れた16歳以上の者は、72時間以内に行政局に出向き、滞在許可をとらなければならなかった。その際には、人種や出身地、雇用履歴などをもとにAからDまでの4つのランクに区分された。最も多くの人が区分されたのは、雇用期間中のみウイントフックでの滞在が認められるDランクであり、もし失職した後に仕事が見つからなければ町を退去しなければならない。外出時には雇用状況や住居の契約状況を記した書類を必ず携帯しなければならず、警察官に提示を求められた際にはそれに応じなければ逮捕された。夜間は許可証がなければ21時までに白人居住区から退去しなければならず、また複数の人々で集まって話すことは政治集会とみなされるため許されなかった。人々は常に警察官の目とウイントフックからの強制退去を恐れていた（Pendleton, 1993）。

居住区の中央付近には約10軒の小さな店が集まり、また民族別に分割された小区画ごとに小規模の店が分布していた。住民はこれらの店からも食料などを購入することもあったが、多くは金曜日の午後か土曜日の午前中に街中の大型スーパーマーケットや白人の衣料店で品物を購入した（Pendleton, 1993：25）。後述するように、現在のカトゥトゥラでは露天商などインフォーマルセクターに属する経済活動が盛んであるが、ペンデルトンによれば、この傾向は独立以降の顕著な特徴であるという。その理由として、独立以前には男性はフォーマルセクターの仕事を持つ必要があり、また仕入れや輸送上の制約などによって商業活動を自由に行えなかったことが考えられる。ただし、女性は独立以前もインフォーマルセクターでの活動を介して現金を稼いでいたようである (Pendleton, 1993：94)。

独立後15年が経過した現在でも、当時の人種別居住区の違いは景観にはっきりとみてとれる。クレイン・ウイントフックなどでは、カラフルな庭付きの家々が立ち並んでいるが、そこから4kmほど離れたカトゥトゥラに行くとブロック作りの平屋が目立つようになる。そして、さらに遠方のオクリャンガヴァ（写真2）では、トタンでつくった小屋が密集し、たくさんの通行人が目に飛び込んでくる。このような低所得者層の過密集住地域は、ナミビアに限らず多くの大都市で共通してみられる景観である。

しかしながら、より注意深くカトゥトゥラやオクリャンガヴァなどの旧アフリカ人居住区をみると、その内部にクレイン・ウイントフックなどの景観に似た「中級住宅地」が存在することに気づく。カトゥトゥラでは、この地区の急激な人口増加とともに、初期に設けられた居住区のさらに外側の開発や旧街区の整備が行われてきた。1970年から80年にかけて6地区が新たに開発され、また80年代初頭にはさらに3地区が街区となり、当初に比べて面積は約3倍に増加した。80年代からは土地の私有が可能となり、住居の形態も単純な平屋から豪邸まで多様なものが建てられた。そして、この地区のなかには、ラグジュアリー・ヒルとよばれる「中級住宅地」が形成された。これは、クレイン・ウイントフックなどの高級住宅地での土地購入は難しいが、定職を持ち、ある程度の収入がある中産階層の需要を満たすものであると考えられる。

アフリカ人の中産階層の出現は、独立以前からみとめられ、独立闘争時には政治的な役割を担っていたことが知られているが（Tapscott, 2001）、その数が急速に増加したのは独立以降である。独立後、社会的な平等を掲げる政治体制のもとで公務員などの職に就くアフリカ人が増えていった。彼らは高額な給料を得られるため、住居の購入も可能である。

このような中産階層の出現とともに、かつてのアフリカ人居住区の景観は大きく変わりつつある。そして、それに拍車をかけているのが、南アフリカ系の大型スーパーマーケットの進出であ

る。南アフリカの都市やウイントフック中心部（写真3）で見かける大型スーパーマーケット（写真4）は、都市の経済発展の象徴的存在であり、また都市景観の構成要素として大きな存在感をもつ。そのような大型スーパーマーケットの旧アフリカ人居住区への進出は、ポストアパルトヘイト時代における居住区の境界の消失をあらわす出来事であるが、同時に南アフリカ経済による新たな支配としても捉えられる。次節ではこの大型スーパーマーケットの展開について詳しくみていこう。

3. 脱アパルトヘイトと南アフリカ企業の展開

3-1. 大型スーパーマーケットの展開

1990年、アパルトヘイトからの脱却を遂げたナミビアは、鉱物資源や畜産物の輸出、観光産業の振興などを軸に、国の経済発展を模索してきた。しかし、商業部門では南アフリカ企業の進出が著しく、GDPの40%程が南アフリカに本店のある企業によって生み出されている（Orford, 1992）。ここでは、南アフリカ資本の大手流通小売企業である「ショップライト・グループ（Shoprite Holdings Ltd）」と「ピック・アン・ペイ・グループ（Pick'n Pay Stores Ltd）」に注目して見てみよう。

ショップライト・グループは1979年に創業され、現在ではショップライトやチェッカーズ、Uセーブなどの大型スーパーマーケットや酒類販売店などを、南アフリカを含む15カ国に展開している。1995年に国外に初めて店舗を出したのはザンビアと中央アフリカであり、その後20年間にアフリカ諸国に広く店舗を展開している（Shoprite, 2016）。[3)] ただし、ナミビアについては、南アフリカの統治下にあった1990年以前から出店されていた。2016年の店舗数を国別に見ると、最も多いのがグループ全体で1519店舗（82%）が営業されている南アフリカであり、次いで89店舗のナミビアとなっている（表1）。一方、ピック・アン・ペイ・グループは、1967年に南アフリカの西ケープ州において4店舗で営業を開始して以降、2015年にはピック・アン・ペイやTMマートなどの大型スーパーマーケットの店舗数を1242店舗にまで拡大している。そのうち南アフリカ国内には1126店舗（91%）を構え、国外の116店舗はボツワナ、ザンビア、スワジランド、ジンバブエ、レソト、ナミビアにある。なお、ナミビアには27店舗が営業されている（表1）。[4)]

ウイントフックのショップライト・グループとピック・アン・ペイ・グループの店舗が、どの地区に分布しているのか見てみよう（図3）。商業地区など、街の中心部にひとつの分布の極がみられる一方で、特徴的であったのは、旧アフリカ人居住区であったカト

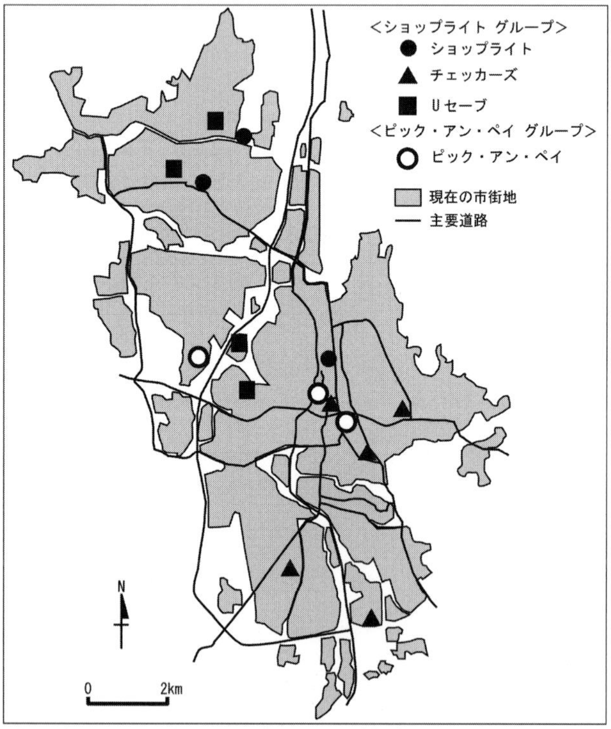

図3 ウイントフックにおける南アフリカ系大型スーパーマーケットの分布
資料：ショップライトグループのスーパーマーケットの位置は、Shoprite(2016)と次のウェブページをもとに把握した。http://www.shoprite.co.za/（2016年11月30日現在）。プックアンペイグループのスーパーマーケットの位置は、Pick'n Pay(2015)と次のウェブページをもとに把握した。http://www.pnp.co.za/（2016年11月30日現在）。

表1 南アフリカの大手小売企業の国別店舗数

	ショップライトグループ	ピック・アン・ペイグループ
南アフリカ	1519	1126
アンゴラ	49	-
ボツワナ	31	9
ガーナ	5	-
レソト	20	3
マダガスカル	9	-
マラウイ	7	-
モーリシャス	3	-
モザンビーク	19	-
ナミビア	89	27
ナイジェリア	19	-
スワジランド	24	14
タンザニア	-	-
ウガンダ	2	-
コンゴ（DRC）	1	-
ザンビア	58	10
ジンバブエ	-	53
計	1855	1242

資料：Shoprite(2016), pick'n Pay(2015)をもとに作成。

写真2 オクリャンガヴァ。トタン屋根の家屋が周辺に向けて年々増加（2014年著者撮影）

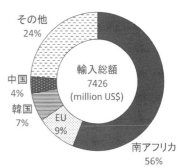

図4 ナミビアの輸入に占める各国の比率（金額ベース）
資料：WTOのウェブページより、2015年の統計資料をもとに作成した。
http://stat.wto.org/Home/WSDBHome.aspx?Language=E）（2016年11月30日）。

ゥトゥラ周辺にもうひとつの分布の極がみられたことである。これは90年代後半からの傾向であり、例えばカトゥトゥラとオクリャンガヴァに展開するショップライトは、それぞれ1998年と2005年に建てられたものである。カトゥトゥラ周辺では、主に中級住宅地の周辺にみられる。アパルトヘイト都市のなかで分断されてきた旧アフリカ人居住地は、南アフリカ系スーパーマーケットの存在とカラフルで比較的大きな住居が並ぶ中級住宅地の街並みとにより、旧白人居住区と似た景観が形成されているのである。

3-2. 南アフリカ企業のアフリカ進出

南アフリカ企業の海外進出、特にアフリカ諸国への進出は、スーパーマーケットなどの流通小売業に限ったことではない。スタンダード・バンク・グループ[5]などの南アフリカ大手銀行やナンドスなどのレストラン、大手建設会社がアフリカの国々に進出し、なかでもボーダコムやMTNなどの携帯電話会社がアフリカ諸国で成功を収めている（岡田, 2006）。

南アフリカ企業がアフリカ諸国に展開を始めた要因として、1990年代半ばの南アフリカの民主化や諸外国からの経済制裁の撤廃が挙げられる。また、民主化後に海外企業が南アフリカ国内に参入し、国内市場での競争が激化したこともひとつの要因である（岡田 2006）。すなわち、かつてはグローバル市場の周縁部に位置していた南アフリカ市場が国際市場の一員として開放されたが、国際競争力が弱かった南アフリカ企業は新たなニッチを求めてさらに周縁部に位置するアフリカ諸国に展開していった。なかでもナミビアは地理的に南アフリカに近く、インフラ網が整備されているために輸送コストが抑えられることが利点であったと考えられる。

しかしながら、ナミビアは国全体の人口が少ないため[6]、市場としては大きいとは言いがたい。この点を埋め合わせ、南アフリカ企業の進出を促しているナミビア側の要因としては、移入や自然増などによる都市部での人口増加とそれによる市場の拡大が挙げられる。ウイントフックの人口は2001年から2011年に9万2千人増加し、人口増加率は39.5%であった。これは、国全体の増加率15.4%と比べても大幅に高い。また、アパルトヘイト撤廃に伴う雇用機会の平等化や、国の良好な経済状態のもとで、都市部で中産階層が増加する傾向にある（Peyroux, 2001）ことも挙げられる。さらに、

写真3 ウイントフック中心部（2004年著者撮影）

写真4　ウイントフック中心部のショップライト（2007年著者撮影）　　写真5　観光客向けの土産販売（2007年著者撮影）

地場の食材が売買されるいわゆる地場市場がそれほど発達していないため、南アフリカの食材や製品の需要は高い。国全体の輸入における南アフリカへの依存度も高く、2005年の輸入総額の内訳をみると、南アフリカが83％も占めている（図4）。

しかしながら、アフリカ諸国に展開するこれらの南アフリカ企業は、製造業への投資をほとんどせず、アフリカを生産基地としてではなく消費市場として捉えていることが共通した特徴である（岡田, 2006）。ナミビアのように独立からの日が浅く、現地企業が十分に育っていない国では、大企業との競争は困難であり、このような状況は現地の製造業の発展に打撃を与えかねない。しかし、代替する国内企業は少なく、食料や雑貨の購入先として多くの市民が南アフリカ企業に依存しているという現実もある。これは、次節で述べるように、高収入を得ている富裕層や中産階層に限ったことではないのである。

3-3. 南アフリカ系大型スーパーマーケットと露天商

南アフリカ系大型スーパーマーケットの展開とは対照的に、カトゥトゥラやオクリャンガヴァ地区の景観として特徴的であるのが、道に沿って並ぶ露天商である。街の中心部ではあまり見かけることはないが、この地区では数多くの露天商が目に入る。前述のとおり、インフォーマルセクターに属するこのような商業活動は、アパルトヘイトの撤廃の後に劇的に増加した（Pendleton, 1993：38）。露天で売られているものは多種多様であるが、ひとつには農村部の産品があげられる。例えば、トウジンビエの粉やバンバラ豆、野生の果実などを売る露天商の数はそれほど多くはなく、それよりも焼いた肉やトウモロコシの粉を熱湯に入れて練った固粥など、調理した食品を売る人たちの方が多い（写真6）。そして、最も多いのは、リンゴやバナナなどの果物やパン・飴などの食材、サングラス・ベルトなどの雑貨を転売する露天商である。販売している食料品の仕入れ先をオクリャンガヴァの3箇所の露天商に訪ねると、「ショップライトから」と言う。雑貨類は、主に中国系の小売雑貨店から仕入れて来るという。彼らは、飴やリンゴなど、袋詰めで多量に販売されているものをショップライトで購入し、露天で個別売りにして利益を得ていた。車などの輸送手段のない人にとっては、街の中心部に商品を買いにいく際の輸送コストがかかるため、単価が多少高くても近くの露天商から購入する場合がある。そのような理由から、露天商は利益を上げることができるのである。また、スーパーマーケットで傷んだ野菜などが安価に販売される場合があり、それを露店で通常の値段で売ることによって利益を得ることもある。

このように、南アフリカの大型スーパーマーケットの商品は、高所得者層のみならず、露天商を通じて低所得者層にも利用されている。しかしながら、南アフリカからの商品をトラックで運んできて販売する方法は、現地の産業振興の妨げとなり、ナミビアが南アフリカ企業の市場と化しているともいえるだろう。このような状況に対して住民からの反発も強く、1998年にショップライトが新たな店舗をカトゥトゥラに出店した際には、IPBC（Indigenous Peoples Business Council）という商業者団体が、現地の小規模商業活動に悪影響を及ぼすとして排斥運動を展開した[7]。旧アフリ

写真6 道端で焼き肉を売る女性（2005年著者撮影）

カ人居住区の商業者からしてみると、経済の構造としては独立以前とそれほど変わっていないとも映るのであろう。

4. 南アフリカからの脱却と新たな都市景観形成の模索

これまでみてきたように、ナミビアは1990年に独立を果たし、南アフリカによる政治支配から抜け出し、脱アパルトヘイトを成し遂げた。居住区が人種ごとに分断され、異質な景観が併存していたアパルトヘイト都市ウイントフックでは、独立以降、中産階層の増加によって旧アフリカ人居住区の様相が変化しつつあり、かつての居住区の境界はぼやけ、景観としても脱アパルトヘイトが遂げられつつある。しかしながら、都市部での人口増加や中産階層の増加によって市場としての価値が高まるにつれ、南アフリカ系の大型スーパーマーケットが進出し、旧アフリカ人居住区においてもその数が徐々に増えつつある。これは、南アフリカによる政治支配が終了したとはいえ、経済支配は続いているとみることもでき、旧アフリカ人居住区の都市景観の変化に注目すると、"再"南アフリカ化ともいえる状況が進行している。開かれた市場で自由競争が起こるのはグローバリゼーションの進む今日では当然のことであり、南アフリカの国内市場もまた国際競争の渦中にあるのだが、これまで南アフリカの支配のもとで経済発展が妨げられてきたナミビアにとっては皮肉な展開といえる。しかし、これが90年以前への逆戻りかというとそうではない。アパルトヘイト期とは異なり、フォーマルセクターにおいても、インフォーマルセクターにおいても、人々は商売において創造性に富んだ自由な活動を行うことができる。その活動によって、ナミビアの独自性が少しずつ形成され、経済および都市景観における南アフリカからの脱却が実現されてゆく可能性に期待したい。

付記：本稿は『都市地理学』3（2008）に掲載された「ナミビアの首都ウイントフックの変遷と脱南アフリカの課題」に加筆修正したものである。

注

1) 南アフリカの住民は4つの人種集団（白人、カラード、インド人、アフリカ人）に分類された。
2) 本稿で使用する「アフリカ人」の語は、アパルトヘイト体制で定められた4つの人種区分のひとつとして使用されたものを指す。
3) ショップライトグループのウェブページを参考にした：http://www.shopriteholdings.co.za/Pages/home.aspx（2016年11月30日）
4) ピック・アン・ペイ グループのウェブページを参考にした：http://www.pnp.co.za/（2016年11月30日）
5) 同行は1862年にロンドンにおいてスタンダード・バンク・オブ・ブリティッシュ・サウス・アフリカとして設立され、1962年には現在のスタンダード・チャータード・バンクの南アフリカ部門としてスタンダード・バンク・オブ・サウス・アフリカが設立されたが、1987年にスタンダード・チャータード・バンクが株式を売却したため純粋な南アフリカ企業となった（岡田，2006）。
6) 2001年の人口は約180万人（Republic of Namibia, 2002）。
7) ナミビアの新聞、Namibianの記事より：http://www.namibian.com.na/Netstories/Econ2-98/shoprite.html 2007年6月20日

文献

岡田茂樹 南アフリカ企業のアフリカ進出 平野克己編『企業が変えるアフリカ：南アフリカ企業と中国企業のアフリカ展開』 19-42 日本貿易振興機構 2006

メルバー・ヘニング（ナミビア独立支援キャンペーン・京都 訳）『私たちのナミビア：ナミビア・プロジェクトによる社会科テキスト』 現代企画社 1990

Davies, R.J The Spatial Formation of the South African City. Geojournal Supplementary Issue 2 59-72, 1981

Lemon, A. The Apartheid city. In (Lemon, A. ed) "Homes Apart: South Africa's Segregated cities", 174-190, Indiana University Press, 1991

Simon, D. Windhoek. In (Lemon, A. ed) "Homes Apart: South Africa's Segregated cities", pp174-190, Indiana University Press, 1991

Shoprite "Integrated Report 2016" Shoprite Holdings Ltd., 2016

Pendleton, W.C. "Katutura: A Place Where We Stay" Gamsberg Macmillan, 1993.

Peyroux, E. Urban growth and housing policies in Windhoek: the gradual change of post-apartheid town. In (Diener, I. & Graefe, O., eds) "Contemporary Namibia: The first Landmarks of a Post-Apartheid Society", 287-306, Gamsberg Macmillan Publishers, 2001

Pick'n Pay "Annual Report 2015" Pick'n Pay, 2015

Orford, J. Bilateral Economic Links between Namibia and South Africa. NEPRU Working Paper No.14, 1992.

Republic of Namibia "2001 Population and Housing Census" National Planning Commission, 2002

Southall, A. Introductory Summary. In (Southall, A., ed) "Social Change in Modern Africa" Oxford University Press, 1961

8章　モーリシャスの都市特性
―ポートルイスとカトルボルヌを中心として―

寺谷　亮司

1. モーリシャス国について

　モーリシャス共和国（以下モーリシャスと略記）と聞いて、その地理的位置や国の概要を説明できる日本人は少ないと思われる。モーリシャスは、アフリカ大陸東岸沖のマダガスカル島のさらに東方約900kmのインド洋上に浮かぶ島国である。この地理的位置と小国であるため、モーリシャスは、れっきとしたアフリカ54ヶ国の一つでありながら、地図帳のアフリカ大陸のページを開いても、しばしば記載されていない。さらに、モーリシャスには、日本大使館が存在しないし[1]、日本の商社が注目するような産物もないので、日本人駐在員も皆無である。実際、モーリシャスを知る日本人は、絶滅動物のシンボルとしてのドードー（dodo）鳥[2]を知る人か南国海洋リゾートに詳しい人くらいであろう。

　モーリシャスの基本情報を示せば、国土面積は東京都とほぼ同じ2,040km^2、2015年末の総人口は126.3万人であり、主島のモーリシャス島が、国土面積の91％、人口の97％を占める。現在の民族構成は、インド系68％、クレオール（アフリカ系混血）23％、中国系3％、フランス系2％などであり、アジア系が卓越する。モーリシャスは、長い間無人島であり、その植民史はまだ400年ほどしかない。オランダ植民地時代（1638～1710年）、フランス植民地時代（1715～1810年）、イギリス植民地時代（1810～1968年）を経て、モーリシャスは1968年に独立した。

　輸出加工区製造業の成功などにより、モーリシャスの1人当り国民総所得（2013年）は9,570米ドルであり、この数値はアフリカ諸国の中で、観光立国・セーシェル、石油・鉱産物産出国の赤道ギニア、ガボン、リビアに次ぐ第5位の地位にある。また、かつてアフリカ最高値とされた国連開発計画による人間開発指数は、2013年の数値ではリビアに次ぐ第2位である。このように、モーリシャスはアフリカらしくないアフリカの小国であり、その生活水準は低くはない。

　筆者は、財務省の開発経済学調査派遣によって、2000年10月から2001年2月までモーリシャス大学に滞在し、以後も同国を5回訪れている。本章[3]の目的は、首都・ポートルイス（Port Louis）と商業都市・カトルボルヌ（Quatre Bornes）の土地利用や居住住民特性などを中心に、モーリシャスの都市特性を概観することである。

2. モーリシャスの都市分布と都市群動向

　モーリシャス島の人口分布をみると、首都のポートルイスから内陸部のキュールピップ（Curepipe）にかけての地域が、モーリシャスにおいて都市と認定されている5都市が連担するコナーベーションを形成している（図1）。2011年センサスによる主要5都市の人口は、人口の多い順に、①ポートルイス13.8万、②ヴァコア（Vacoas）/フェニックス（Phoenix）10.6万、③ボーバッサン（Beau Bassin）/ローズヒル（Rose Hill）10.3万、④キュールピップ7.7万、⑤カトルボルヌ7.6万である（表1）。これら都市人口を合算し、都市人口比率を算出すれば41.7％となる。

　19世紀を通じて、ポートルイス市民はサイクロンによる被害とマラリアなどの伝染病に苦しんだ。このため、裕福なモーリシャス人は、標高のより高い内陸地域へ移住した。ポートルイス以外の4都市は、こうしたポートルイスからの移民都市としての起源をもち、ポートルイスの衛星都市としての性格が強い。20世紀後半の各都市の人口推移をみても、ポートルイスは、首都かつ人口首位都市としては異例ともいえる人口の停滞・減少傾向がみられるのに対し、他の4都市は着実に人口が増加してきており、両者の傾向の違いは明瞭である（表1）。10年刻みの人口に着目して人口の急増時期を特定すると、ボーバッサン/ローズ・ヒルは1960年代、カトルボルヌは1970年代、ヴァコア/フェニック

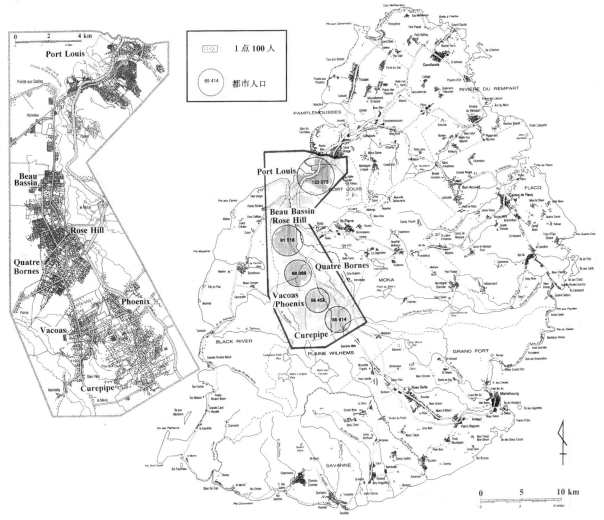

図1 モーリシャス島の人口・都市分布（1990年）
Universite Michel de Montaigne-Bordeaux 3 et al. (1997) *Atloas De Maurice* 11章の原図を一部改変。

表1 モーリシャスにおける都市別センサス人口の推移（1952～2011年）

都市名		1952	1962	1972	1983	1990	2000	2011
ポートルイス		84,539	119,950	133,996	133,702	134,630	129,492	137,608
	(%)	(46.7)	(45.6)	(37.0)	(33.2)	(32.1)	(26.5)	(27.6)
ボーバッサン/ローズヒル		28,690	37,797	80,044	90,577	94,695	106,263	103,098
	(%)	(15.9)	(14.4)	(22.1)	(22.5)	(22.5)	(21.8)	(21.7)
カトルボルヌ		17,707	28,389	48,520	63,682	66,999	73,355	75,613
	(%)	(9.8)	(10.8)	(13.4)	(15.8)	(16.0)	(15.0)	(15.1)
ヴァコア/フェニックス		27,880	41,743	47,884	53,090	57,275	99,681	105,559
	(%)	(15.4)	(15.9)	(13.2)	(13.2)	(13.6)	(20.4)	(21.1)
キュールピップ		22,026	35,275	52,154	62,200	66,365	79,718	77,471
	(%)	(12.2)	(13.4)	(14.4)	(15.4)	(15.8)	(16.3)	(15.5)
5都市 合計		180,842	263,154	362,598	403,251	419,964	488,509	499,349
	(%)	(100.0)	(100.0)	(100.0)	(100.0)	(100.0)	(100.0)	(100.0)

注）2011年人口は，ポートルイス 19,177人，カトルボルヌ 3,980人，ヴァコア/フェニックス 1,288人，キュールピップ 5人の市域外の市街地連担地区人口を含む。
資料）Central Statistics Office(各年)『Housing and Population Census』。

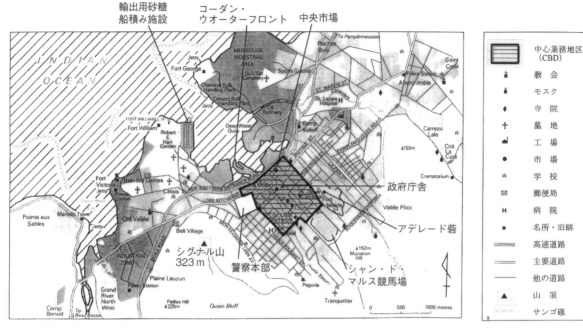

図2 ポートルイス市中心部の土地利用
Kalla and Taleb(1998) *Longman Mauritius Resourxe Atlas* p.17 の原図を一部改変。

スは1990年代であり、ポートルイスから離れた都市ほど人口急増時期が遅く、次第に内陸部へ住宅地化が進展したプロセスが窺える。

業務都市としてのポートルイスと衛星都市としての他4都市の機能分離のため、朝夕の通勤ラッシュに伴う高速道路（Motorway、図2）の渋滞はひどい。渋滞解消のため、ウイークディの朝7時30分～9時15分までは、ポートルイスからカトルボルヌ方面への高速道路の下り2車線のうち、1車線は上り車線に変更される。また、官庁や企業は通常午後4時までの営業のため、夕方17時以降のポートルイスの都心地区は、人通りが絶えてゴーストタウンのように閑散としている。

3. 首都・ポートルイスの土地利用と居住住民特性

首都のポートルイスは港湾都市であり、海に面した北西方向を除く三方を山地で囲まれている（図2）。ポートルイスの中心市街地は、中心業務地区（CBD）、港湾地区、住宅地区に三分できる。中心業務地区は、沿岸を通る高速道路、中心市街地のなかで広域スペースを占有するアデレード砦（Fort Adelaide、写真1）、警察本部（Line Barracks）、シャン・ド・マルス競馬場（写真2）に画された範域である。ここには、政府庁舎（Government House、写真3）や市庁舎などの諸官庁、銀行やオフィスが入居する高層ビル、中央市場（Central Market）や中華街（写真4）などの商業施設が集中し、業務都市としてのポートルイスの

写真1　都心よりみたアデレード砦（向こうの丘の上に見えるのがアデレート砦、寺谷撮影、以下の写真も全て寺谷撮影）

写真2 シャン・ド・マルス競馬場（英国時代の1812年に開設され、世界で2番目に古い競馬場として知られる。アデレード砦より撮影）

写真3 モーリシャス政府庁舎

写真4 ポートルイスのロイヤルストリート（向こうに中華街入口の牌楼、手前左はジュマ・モスクであり、多宗教景観が示される）

写真5 アデレード砦よりみたポートルイス都心地域（右中上に輸出用砂糖貯蔵倉庫（横長建物）と船積み施設が見える）

核心地域となっている（写真5）。

港湾地区の土地利用をみると、湾口の埋立地区は大型船舶用埠頭や工業団地、湾奥地区（Trou Fanfaron）は漁港として利用され、特異施設としての輸出用砂糖の船積み施設（Sugar Bulk Terminal、写真5）のほか、ポートルイス最大の観光・アミューズメント地区であるコーダン（Caudan）・ウォーターフロント（写真6）が立地する。同地区は、港湾地区の再開発事業によって1996年に完成し、多くの土産品ショップ、レストラン、映画館などが入居するショッピングセンター、高級感のあるラブルードネ（Labourdonnais）[4]・ホテル、ブルー・ペニー（Blue Penny）[5]博物館、カジノもあり、外国人観光客やモーリシャス人カップルなどで賑わっている。

中心業務地区の外側から周辺山地にかけては住宅地区が拡がる。図3は、ポートルイスにおける地区別にみた家

写真6 コーダン・ウオーターフロント（左の建物にはレストラン、商店、映画館など、中央の建物にはオフィスなどが入居、右の建物はラブルードネ・ホテル）

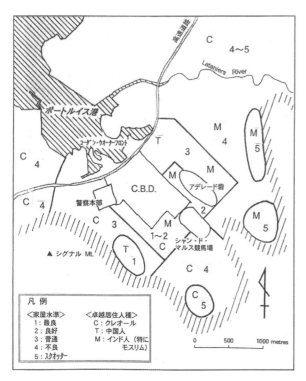

図3 ポートルイスの地区別家屋水準と人種別セグリゲーション概念図（現地調査などにより寺谷作成）

写真7 ポートルイス都心西部の高級住宅地区

写真8 ポートルイス南部山麓のスクウォッター地区

屋水準や住宅地景観、人種別セグリゲーションの概要を示したものである。図3にしたがって、まず家屋水準や住宅地景観の地域特性をみると、都心部に近い家屋や住宅地は概ね良好であり、郊外では不良住宅が多くなる。このように、アフリカ都市特有の「郊外ほど居住人口の社会経済階層が低下する」同心円構造（図4）は、ポートルイスでも基調として確認できる。具体的には、CBDにほど近い西部の山麓地域に中国人などが居住する高級住宅地区（写真7）、南部や東部の山麓地域にはモーリシャス本島に次ぐ面積をもつロドリゲス島の出身者などのスクウォッター地区が見られる（写真8）。ただし、筆者がかつて調べたナイロビ、アンタナナリボ、ケープタウンなど他のアフリカ都市と比較しても、ポートルイスのスクウォッター集落は極めて小規模であり、スラムやスクウォッターの少なさや狭小さはむしろ、モーリシャス都市の特徴の一つである。

一方、人種別のセグリゲーションについてみると、都市周辺地域においては、西部はクレオール、東部はモスリム（多くがインド人）が多く居住しており、セクター（扇形）構造が顕著である。さらに北部や西部の都市郊外地区になると、工場と不良住宅との混合的な土地利用が卓越する。

以上のように、ポートルイスの都市内部構造は、都市西部は中国人などが居住する高級住宅地区、東部はインド系モスリムが卓越する中級住宅地区、北部や西部郊外はクレオール系が卓越する低級住宅地区、また南部や東部の山麓地域がロドリゲス島出身者などのスクウォッター地区と要約できる。

4. 商業都市・カトルボルヌ

モーリシャスではフランス語起源の地名が卓越する。カトルボルヌは、フランス語で「4つの境界標識」の意であり、4つのサトウキビ農場が付近にあったことに由来する地名である（Mungur and Burrun、1993、p.120）。

カトルボルヌは、上記のように、ポートルイスのベッドタウンとしての出自をもち、現在もポートルイスへの通勤

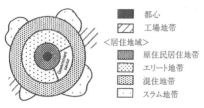

図4 アフリカ都市の内部構造モデル
U.N.(1973)p.10の原図を一部改変。

写真9 オーチャード・タワー最上階からみたカトルボルヌ市街(右中央5階建て建物はホテル、その手前に低層で連続して見えるのがバザールの青屋根、左上の裸地がバス・タクシーターミナルでその左側がヴィクトリア通り、サンジャンロードはバザールとバス・タクシーターミナルの間を左から右上に伸びる、最も手前の平屋建造物は旧鉄道駅舎であり現在は郵便局)

写真10 カトルボルヌのサン・ジャン・ストリート(ヴィクトリア通りとの交差点付近、向こうが商店街南側、左はバザール入口、ヒンドゥー教最大の祝祭行事・シバラトゥリを祝う垂れ幕が見える)

写真11 オーチャード・センター(3階建て建物に専門店やレストランなどが入居、1階にSparスーパー)

写真12 ショップライト(南アフリカ共和国資本)・スーパー

者世帯が多く、庶民が買物や飲食を楽しむ内陸の商業都市である(図1、写真9)。

モーリシャスにおける商業形態には、①商店街(写真10)、②ショッピングセンター(写真11)、③郊外型大型スーパー(写真12)、④バザール(定期市、写真13・14)、⑤露店・行商人(写真15)などがある。カトルボルヌでは、これらの写真に示されるように、上記全ての商業施設や商業形態を見ることができる。

まず、カトルボルヌのメインロードは、図5の中央に伸びる長さ約1.5kmのサン・ジャン・ロード(St. Jean Road、写真10)である。筆者の2004年2月の調査によれば、同通りの両側には、商店139店、サービス業26店、飲食店15店、オフィス6店、の合計186の営業店舗が立地する。サービス

写真13 生鮮食料品目のカトルボルヌ・バザール

表2 サン・ジャン・ロードと銀天街（松山市中心商店街）の業種別・1階営業商店数

	食料品	衣料品	身回品	化粧品・薬	趣味・文化品	雑貨・家具・建材	機械・器具	その他	合計（％）
サンジャンロード	13 (9.4)	37 (26.6)	19 (13.7)	8 (5.8)	15 (10.8)	22 (15.8)	15 (10.8)	10 (7.2)	139 (100.0)
銀天街	10 (7.9)	54 (42.5)	22 (17.3)	8 (6.3)	21 (16.5)	1 (0.8)	0 (0.0)	11 (8.7)	127 (100.0)

注1）調査年月は，サン・ジャン・ロードが2004年2月，銀天街が2003年9月（寺谷，2003b）。
2）業種の主たる内容は以下のとおりである（下線はサン・ジャン・ロードでの確認店舗）。
　食料品：各種食料，酒，パン，冷凍品，スナック，果物，菓子，茶，アイスクリーム。
　衣料品：洋服全般，婦人服，男子服，子供服，サリー，呉服，ズボン，靴下，下着，服地，ボタン。
　身回品：貴金属，時計，靴，カバン，宗教品，アクセサリー，カサ，帽子，宝石，カツラ，ブランド品。
　趣味・文化品：本，新聞，レコード，時計，フイルム，メガネ，絵画，ペット，ギフト品，コンタクトレンズ，印章，額縁，玩具，スポーツ品，陶器，文具，花。
　雑貨・家具・建材品：家庭用雑貨，金物，家具，じゅうたん，カーテン，台所・トイレ，置物。
　機械・器具：家電製品，家庭用工具，車部品。
　その他：ガソリンスタンド，市場，スーパー，ショッピングセンター，大型店，コンビニ，100円ショップ，リサイクル品，健康グッズ，ブライダル品。

写真14　衣料品日のカトルボルヌ・バザール

写真15　ロンガン（竜眼，中国南部原産果物）を売るサン・ジャン・ストリートの露店

業26店の内訳をみると，銀行・金融店舗が9店と最多業種であり，ホテルとレンタルビデオ店が各3店，印刷・フィルムプリント店と美容院が各2店であり，これ以外は全て1店のみの業種である。また，飲食店15店は，カフェが約半数の7店であり，他にはレストラン4店，中華料理店2，ファーストフード店2（ピザ，フライドチキン）の構成である。一方，非営業店舗は，空地・空店舗29，民家・マンション23，その他（駐車場や建設中建物など）7件が確認でき，合計数は59となる。

表2は，サン・ジャン・ロードの商店業種を，松山市の中心商店街である銀天街のそれと比較したものである。サン・ジャン・ロードの商店数139を，非営業店舗を含めた合計245店舗・区画で除して商店比率を算出すると56.7％となる。ちなみに，銀天街の同比率は84.1％と高率である。両街路の業種構成を比較すると，サン・ジャン・ロードの特徴として，衣料品店の少なさ，雑貨・家具・建材店および機械・器具店の多さを指摘できる。すなわち，サン・ジャン・ロードは，銀天街のような中心商店街ではないので，わが国ではロードサイド型や郊外型業種である電化製品店，自家用車部品店，家屋関係の家具店やDIY業種店などもみられる。

サン・ジャン・ロードのほぼ中央部を南北に縦断するヴィクトリア通り（Victoria Ave.）は，かつての線路跡である（図5，写真9）。両街路の交差点西側にはバス・ターミナルとタクシー・プール，東側には1941年創設のカトルボルヌ・バザールが立地する。同バザールは，週4日の開催であり，水曜と土曜は生鮮食料品，木曜と日曜は衣料品のストゥールが林立して多くの買物客で賑わう（写真13・14）。この交差点のすぐ南側には，約80の専門店，映画館，スーパー（「Spar」）などが入居する3階建てのショッピングセンター・「オーチャード（Orchard）・センター」がある（写真11）。同センターには，5階建ての駐車場とその上

8章 モーリシャスの都市特性 —ポートルイスとカトルボルヌを中心として—

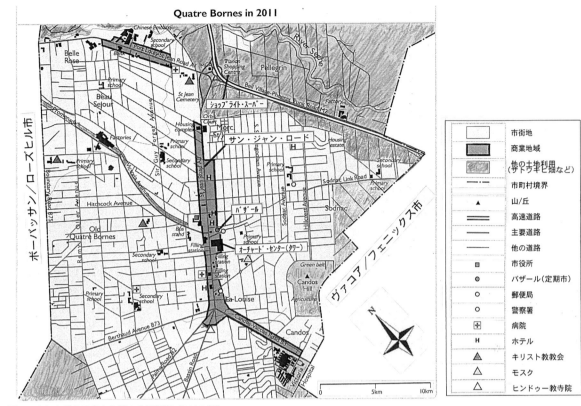

図5 カトルボルヌ市中心部の土地利用（2011年）
Editions de L'ocean Indien(2012) *Atlas of Mauritius for Primary and Lower Secondary Schools* p. 20 の原図を一部改変。

階部分にさらに11階建ての高級マンション（「オーチャード・タワー」、筆者が2000年10月〜2001年3月まで居住）が併設されており、遠くからでも目立つランドマークとなっている。

さらに2002年には、サン・ジャン・ロードと高速道路が交差するカトルボルヌの入口地点に，南アフリカ共和国資本の大型スーパー「ショップライト（Shoprite）」が進出し、カトルボルヌの商業機能を一層高めることとなった（図5、写真12）。

付記：本稿は『都市地理学』4（2009）掲載の「ポートルイスとカトルボルヌ—アフリカの小さな島国の首都と商業都市—」を基にしている。

注

1）2017年1月1日付けで、ポートルイス市コーダン・ウオーターフロント（図2）のル・スフランホテル内に在モーリシャス日本大使館が開設された。

2）ドードーは、ハトに似た不格好で飛べない巨鳥であり、モーリシャス島に最初に入植したオランダ人の乱獲によって1690年代には絶滅し、絶滅生物のシンボルとされる。ドードーは、そのユニークな姿から、『不思議の国のアリス』や『ドラえもん』に登場し、現在ではモーリシャスの観光パンフレットや土産品グッズをはじめ、キャラクターとして多くの場面に登場する（寺谷、2008、p.837）。ドードーについては、シルヴァーバーグ（1983、p.36 - 59）に詳しい。

3）本章は、アフリカ地誌書でモーリシャスを概観した寺谷（2008）の都市記述部分を大幅に加筆し、写真を加え再構成した寺谷（2009）に対して、最新統計を付加・書き替えし、白黒印刷用に図表や本文の一部を修正した。

4）ラブルードネ（Mahe de La Bourdonnais）は、首都ポートルイスを建設するなど、モーリシャス史上最も偉大な総督と称せられる。彼の実施した事業や施策などは、寺谷（2003a、p.71）を参照されたい。

5）1847年にイギリス植民地で初めてモーリシャスで発行された青印刷の2ペンス切手であり、「POST PAID」とするべき文字を「POST OFFICE」と印刷していたエラー切手、現存するのが26枚という稀少さから1枚1億円と言われるなど世界最高額の切手として名高い。

文献

寺谷亮司 2003a「モーリシャス共和国の人文・自然環境（1）」、愛媛大学法文学部論集 人文学科編14：65-103.

寺谷亮司 2003b「松山市の都心盛り場(1) —歓楽街を中心とした地域特性と近年の変化動向—」、IRC調査月報, 185：22-36.

寺谷亮司 2008 モーリシャス—インド洋上の島嶼地域—、池谷・武内・佐藤編『朝倉世界地理講座12 アフリカⅡ』、823-837、朝倉書店.

寺谷亮司 2009 ポートルイスとカトルボルヌ—アフリカの小さな島国の首都と商業都市—、都市地理学，4：106-113.

シルヴァーバーグ著、佐藤高子訳 1983『地上から消えた動物』、早川書房.

Mungur, B. and Burrun, B., 1993, An Invitation to the Chrames of Mauritian Localities. Vacoas, Mauritius: Editions Le Printemps.

U. N., 1973, Urban Land Policies and Land-use Control Measures, Vol. 1. Africa. New York, U.S.A.: United Nations.

索引

あ

アーバーダーン 21, 22, 23, 24, 25, 26, 27, 28, 29
アーバン・ビレッジ 18, 19
アチェ村 6
アデレード砦 60, 61
アパルトヘイト 44, 45, 51, 52, 54, 55, 56, 57
アパルトヘイトシティ 44, 45
アパルトヘイト都市 51, 55, 57
アフリカ人 6, 7, 10, 12, 35, 36, 37, 40, 43, 44, 45, 46, 47, 48, 49, 50, 51, 52, 53, 54, 55, 56, 57
アフリカ人居住区 44, 45, 46, 47, 48, 49, 50, 52, 53, 54, 56, 57
アフリカ人出稼ぎ民 36
アフリカ人の中産階層 36, 53
アフリカ人パワーエリート 35
アフリカン＝コンドミニアム 6
アラブ街 10
アラブ人 9, 25, 37
アラブ風 31, 33, 38
アラブ様式建築物 38
アングロ・ペルシアン石油会社 24, 25

い

囲郭都市 13
イギリス人 14, 25, 26, 27, 28
イギリス南アフリカ会社 44
イラン人 25, 26, 27, 28, 29
イランの都市 21
インド系 1, 2, 3, 6, 8, 10, 38, 58, 62
インド人 4, 14, 25, 26, 28, 29, 37, 43, 57, 62
インドネシア人 4, 5, 6, 7, 8, 11
インドの都市景観 13
インド・パキスタン系 35
インド洋式建築物 38
インフォーマルセクター 41, 53, 56, 57

う

ウイントフック 51, 52, 53, 54, 55, 57
ウオーターフロント 61, 65
ウガンダ鉄道 39

え

衛星都市 3, 16, 58, 60
英領マラヤ 1, 2, 10

エスニシティの差異 4
エスノスケープ 1, 2, 3, 4, 7, 8, 10, 11
エスファハーン 21

お

大型ショッピングセンター 17
大手建設会社 55
オールド・デリー 14
オクリャンガヴァ 52, 53, 55, 56
穏健なイスラーム国 9

か

カースト制に基づく身分差別社会 20
カールーン川 22
海軍の燃料確保 24
外国人コロニー 5
外国人ツーリスト 3, 4, 6, 7, 8, 10
外国人出稼ぎ労働者 3
外国人訪問者数 3, 4, 8
外国直接投資（FDI） 13
カサブランカ 30, 31, 32, 33, 34
カサブランカ文化遺産の日 32
カジャン 6
華人 1, 2, 3, 7, 11
華人街 2
カトゥトゥラ 52, 53, 54, 55, 56
カトルボルヌ 58, 59, 60, 62, 63, 64, 65
カラード（混血）居住区 45
観光セクターの振興策 3, 8
観光立国 3, 8, 58
カンボジア人 6
カンボジア村 6

き

キベラ 40, 41, 42, 43
キャメロンハイランド 9
キュールピップ 58, 59
居住区 26, 27, 28, 44, 45, 46, 47, 48, 49, 50, 51, 52, 53, 54, 55, 57
居住条件 5
キンシャサ 35
近代的高層ビルの景観 13

く

グルガオン 16, 17, 19, 20
クレオール 58, 62
グローバル都市 1, 2, 3, 4, 8, 10

け

経済のグローバル化 1
携帯電話会社 55
警備員 4, 17
ゲーテッド・コミュニティ 17, 18, 20
ゲンティンハイランド 9

こ

高級コンドミニアム 3
鉱山都市 35, 51
公衆衛生 41, 45, 48
高層のグループハウジング 17
高級住宅地区 3, 62
港湾都市 15, 22, 31, 60
国際ツーリズム 1, 8
国際連合人間居住計画 43
国有化 26, 28, 29
コナーベーション 58
雇用履歴 53
コンノートプレイス 14, 15
コンビ 24, 47, 64

さ

珊瑚礁の島 36, 38
ザンジバル 35, 36, 37, 38, 39, 43

し

湿地帯 23
シネマコンプレックス 17
地元民 3, 4, 5, 6, 7, 8, 12
シャージャハンバード 13, 14
消費市場 56
消費市場 56
ジョーバーグライン 48
食堂・カフェ 4
植民地行政都市 44, 51
植民地時代 13, 14, 15, 20, 50, 58
植民地首都 1, 2
植民都市 14, 20, 26, 31, 50
ショップライト 54, 55, 56, 57, 63, 65
白い西洋風建築様式 14
人種や出身地 53
心象風景 4, 10, 11
ジンバブウェ 44, 49, 50

す

スーパーマーケット 51, 52, 53, 54, 55, 56, 57
スクウォッター（地区） 3, 5, 7, 10, 11, 12, 31, 40, 62, 67

ストーン・タウン 35, 37, 38, 39
すみわけ 2, 3
スラム 12, 13, 17, 18, 31, 40, 41, 42, 43, 50, 62, 67
スラムの景観 13
スラヤン 6
スランゴール 2, 3, 4, 5, 8
スワヒリ文化 36
スンガイ＝ブロー 6

せ

石油の発見 24
セクター（扇形）構造 62
セグリゲーション 62
セミデタッチハウス 49

そ

ソーシャル・ミックス（社会階層の混合） 16

た

滞在許可 53
ダウ船 36
タブリーズ 21
タミル人 2
多民族社会 1, 4
多民族性 1, 4, 7

ち

地下鉄 15
チトゥパ 48
チャードル 8
中級住宅地 53, 55, 62
中国人 6, 8, 9, 12, 62
中心業務地区 60, 61
中東系ツーリスト 8, 10
チョウ＝キット 7
丁子（グローブ）の栽培 37
賃金水準 5

て

低所得者層の過密集住地域 53
テヘラン 21, 29
デリー大都市圏 15, 17, 19, 20
田園郊外 27
伝統的景観の市街地 13
伝統的なマーケット 13

と

ドイツ様式の家屋 52
同心円構造 62
都市景観 1, 11, 13, 18, 20, 21, 29, 36, 37, 43, 44, 49, 50, 51, 52, 54, 57
都市景観の持続性 20
都市の景観管理 20
都市部の強権的な住宅規制 50
トラム 33, 34

奴隷市場 37

な

ナイロビ 35, 36, 39, 40, 41, 43, 44, 62
ナショナル 1, 2, 3, 10, 11, 48, 49
ナミビア 51, 52, 53, 54, 55, 56, 57

ぬ

ヌビア人 40, 41, 43

ね

熱帯のメトロポリス 1, 2, 10, 11
ネパール人 4, 6, 11

の

ノイダ 16, 17, 18, 19, 20
農業・建設労働者 4

は

パイプライン 22, 23, 24, 26
ハウスメイド 4
白人富裕層が住む高級住宅街 52
バザール 63, 64
パダン 2
ハット 45, 48
ハッブース地区 31, 32, 33
ハラール保証付きの世界各地の料理 9
ハラレ市 44, 46, 50
ハラレドライブ 47, 48
バングラデシュ人 4, 6, 7, 11

ひ

ヒージャブ 8

ふ

ファストフード 9
フェズ 30, 31, 32
複合社会 1, 2
プチョン 6, 7, 12
ブミプトラ 1, 2, 3, 11
富裕層向けの戸建て住宅地 17
フラット建設 48
フランス統治の遺産 33

へ

ベトナム人 5, 6, 7, 11
ペナン 4, 9
ペルシア湾岸 24

ほ

ポートルイス 58, 59, 60, 61, 62, 65
ボロデール・ブルック 47

ま

マシャッド 21
マジュベキ 48, 49
マスジェド・ソレイマーン油田 25

マタンク 48
マハティール 3, 5, 7, 8, 10, 11, 12
マラケシュ 30, 31, 32
マラッカ 2, 4
マラヤ連邦 1, 2
マレーシア国際イスラーム大学 6
マレーシア政府観光局 8
マレー人 1, 2, 3, 7
マレー人中心主義政策 3

み

南アフリカ企業 52, 54, 55, 56, 57
南アフリカ資本の商社 51
ミニ＝ジャカルタ 6
ミャンマー市場 6, 7
ミャンマー人 4, 5, 6, 11, 12

む

ムガベ政権 50
ムスリム女性 8
ムバレ 45, 47, 48, 49, 50
ムランバツィナ作戦 49, 50
ムンバイ 15, 19

も

モーリシャス 54, 58, 59, 61, 62, 63, 65
モザイクタイル 32
モンバサ 39

や

厄介者 4, 7

ゆ

輸送コスト 55, 56
油田地帯 22, 24, 25

よ

ヨーロッパ人 2, 25, 26, 27, 28, 31, 33, 37, 44, 45, 46, 47, 48
ヨーロッパ人居住区 45, 46, 47

ら

ラバト 30, 31, 32, 33, 34
ランカウィ 9
ランドマーク 25, 65

り

リトル＝ネパール 10
リトル＝ミャンマー 9

れ

歴史的痕跡 13
レストラン 4, 5, 55, 61, 63, 64
レバノン・シリア系 35

ろ

露天商 53, 56

執筆者プロフィール

阿部 和俊 あべ かずとし
1949 年生まれ。愛知教育大学名誉教授
主著に『日本の都市体系研究』地人書房 1991
『先進国の都市体系研究』地人書房 1996
『発展途上国の都市体系研究』地人書房 2001
『20 世紀の日本の都市地理学』古今書院 2003
『変貌する日本のすがた―地域構造と地域政策』（山﨑 朗と共著）古今書院 2004
『都市の景観地理』（編集代表）古今書院 日本編 1, 2 韓国編 2007 中国編 2008 大陸ヨーロッパ編 2009 イギリス・北アメリカ・オーストラリア編 2010
『近代日本の都市体系研究』古今書院 2010
『日本の都市地理学 50 年』（代表編集）古今書院 2011
『日本の経済地理学 50 年』（藤田佳久と共編）古今書院 2014
『世界の都市体系研究』古今書院 2015
日本都市地理学会賞受賞（1994）
日本地理学会賞（優秀賞）受賞（2009）

藤巻 正己 ふじまき まさみ
1951 年生まれ。立命館大学文学部特任教授
主著に『朝倉世界地理講座 大地と人間の物語 3 東南アジア』（共編著）朝倉書店 2009
『現代東南アジア入門（改訂版）』（共編著）古今書院 2009
『グローバル化とアジアの観光』（共編著）ナカニシヤ出版 2009
『貧困の超克とツーリズム』（共編著）明石書店 2010

由井 義通 ゆい よしみち
1960 年生まれ。広島大学大学院教育学研究科教授
主著に『地理学におけるハウジング研究』大明堂 1999
『働く女性の都市空間』（共編著）古今書院 2004
『女性就業と生活空間』（共編著）明石書店 2012
『都市の空き家問題』（共編著）古今書院 2016

吉田 雄介 よしだ ゆうすけ
1970 年生まれ。神戸学院大学非常勤講師
主著に「イランにおける手織物生産の存続と多就業化の関係―ヤズド州メイボド地域のズィール製織業を事例として―」地理学評論 第 78 巻 491-513 2005
「イラン・イスラーム革命以前の湾岸アラブ諸国へのイラン人労働力移動」関西大学東西学術研究所紀要 第 45 号 297-324 2012
「文字情報・資料としてのズィール（綿絨毯）―マスジェド・ハーフェズ・オ・ハージ・ゼイナルにおける事例から―」イラン研究 第 11 号 224-241 2015
「フィールドワークからローカルなイノベーションを探る―手織り敷物「パトゥ」生産の事例から―」原隆一・中村菜穂編『イラン研究万華鏡―文学・政治経済・調査現場の視点から―』大東文化大学東洋研究所 231-252 2016

荒又 美陽 あらまた みよう
1973 年生まれ。東洋大学社会学部准教授
主著に『パリ神話と都市景観―マレ保全地区における浄化と排除の論理』明石書店 2011
『世界と日本の移民エスニック集団とホスト社会―日本社会の多文化化に向けたエスニック・コンフリクト研究』（分担執筆）明石書店 2016
『世界地誌シリーズ 3 EU』（分担執筆）朝倉書店 2011
『移民の社会的統合と排除―問われるフランス的平等』（分担執筆）東京大学出版会 2009
『都市の景観地理 大陸ヨーロッパ編』（分担執筆）古今書院 2009

水野 一晴 みずの かずはる
1958 年生まれ。京都大学大学院文学研究科地理学専修教授、理学博士。
主著に『高山植物と「お花畑」の科学』古今書院 1999
『ひとりぼっちの海外調査』文芸社 2005
『神秘の大地、アルナチャル―アッサム・ヒマラヤの自然とチベット人の社会』昭和堂 2012（2014 年度日本地理学会賞［優秀著作部門］受賞）
『自然のしくみがわかる地理学入門』ベレ出版 2015
"Himalayan Nature and Tibetan Buddhist Culture in Arunachal Pradesh, India: A Study of Monpa"（Tenpa, L と共著）、Springer 2015
『人間の営みがわかる地理学入門』ベレ出版 2016
『気候変動で読む地球史―限界地帯の自然と植生から―』（NHK ブックス 1240）NHK 出版 2016
『植生環境学―植物の生育環境の謎を解く―』（編著）古今書院 2001
『アフリカ自然学』（編著）古今書院 2005
『アンデス自然学』（編著）古今書院 2016
『ナミビアを知るための 53 章』（永原陽子と共編）明石書店 2016

飯田雅史 いいだ まさし
1979 年生まれ。在ガーナ日本国大使館 一等書記官
主著に "Globalisation and Locality in Southern Africa: Views from Local Communities".（共編著）Kyoto University 2007
『世界地名大辞典』（分担執筆）朝倉書店 2012

藤岡 悠一郎 ふじおか ゆういちろう
1979 年生まれ。東北大学学際科学フロンティア研究所助教
主著に『サバンナ農地林の社会生態誌―ナミビア農村にみる社会変容と資源利用』昭和堂 2016
「気候変動とアフリカの農業―ナミビア農牧民の食料確保に注目して」石川博樹・小松かおり・藤本武編『食と農のアフリカ史―現代の基層に迫る』昭和堂 255-271 2016
「首都ウィンドフックの変遷―発達する都市」水野一晴・永原陽子編『ナミビアを知るための 53 章』明石書店 160-165 2016

寺谷 亮司 てらや りょうじ
1960 年生まれ。愛媛大学社会共創学部教授
主著に『開発と自立の地域戦略―北海道活性化への道―』（共著）中央経済社 1997
『都市の形成と階層分化―新開地北海道・アフリカの都市システム―』古今書院 2002（日本都市学会賞受賞）
『朝倉世界地理講座 12 アフリカⅡ』（分担執筆）朝倉書店 2008
『日本の地誌 3 北海道』（分担執筆）朝倉書店 2011
『生き物文化の地理学』（分担執筆）海青社 2013

書　名	都市の景観地理―アジア・アフリカ編
コード	ISBN978-4-7722-5297-3　C3325

発行日　2017（平成29）年4月15日　初版第1刷発行

編　者　阿部和俊
　　　　Copyright ©2017 ABE Kazutoshi

発行者　株式会社古今書院　橋本寿資

印刷所　三美印刷株式会社
製本所　三美印刷株式会社
発行所　古今書院
　　　　〒101-0062　東京都千代田区神田駿河台2-10
電　話　03-3291-2757
ＦＡＸ　03-3233-0303
振　替　00100-8-35340
ホームページ　http://www.kokon.co.jp/
　　　　検印省略・Printed in Japan

古今書院発行の関連図書一覧

ご注文はお近くの書店か、ホームページで。
www.kokon.co.jp/ 電話は03-3291-2757
fax注文は03-3233-0303 order@kokon.co.jp

なお、都市の景観地理　大陸ヨーロッパ編　は品切れです。

都市の景観地理　日本編1
阿部和俊編
B5判　本体2200円+税

★都市のビル、タワーで驚く景観変化

多くの学生にとって都市の景観は関心も高く惹きつける魅力もある。景観は地理学の最も古いテーマである。都市の姿、景観の変化を、その背後の要因と関係付けてうまく説明し興味深く語ることで景観というテーマが新鮮になる。魅力ある地理学のテーマそれは都市の景観地理だ。

［主な内容］都市景観とランドマーク、札幌の成長、仙台の景観計画、東京の変わるスカイライン、世界都市東京、名古屋の都心景観、京都の景観変遷、広島の被爆景観、小倉都心部の景観ツアー、北九州市八幡東区の景観変遷　執筆陣は阿部和俊、津川康雄、堤純、山田浩久、芳賀博文、伊藤健司、戸所泰子、阿部亮吾、橋田光太郎。ISBN978-4-7722-5205-8　C3025

都市の景観地理　日本編2
阿部和俊編
B5判　本体2200円+税

★身近な都市の景観と歴史を住民の目線で追う

中小都市をテーマにすれば、身近な景観問題、観光による地域振興、また日本の文化地理的な視点もある。景観に焦点をあてて都市の地理学を語ることは、地域の本質をさぐり、魅力を引き出す。

［主な内容］都市の文化的景観とまちづくり観光、小京都の景観とイメージ、東京vs大阪、都市のなかの農の景観、都市郊外としての琵琶湖岸の景観変化、郊外ニュータウンの景観、羽島市の景観変容、田川は高度成長を知らない近代都市、名瀬の歴史と景観、鹿児島の歴史と景観　執筆陣は阿部和俊、井口貢、内田順文、日比野光敏、宮地忠幸、稲垣稜、由井義通、大西宏治、松田孝典、原眞一、深見聡。
ISBN978-4-7722-5206-5　C3025

都市の景観地理　韓国編
阿部和俊編
B5判　本体2300円+税

★韓国の都市、景観変化の謎を解く歴史と地理

ここに地理学者が紹介する韓国の7つの都市、その景観変化と特徴は、韓国でも知名度の高い都市だ。特色ある都市景観を多くの写真と地図で紹介し、身近に感じられる韓国都市の違いがわかる本。

［主な内容］韓国の「旧邑都市」における歴史的景観変化、ソウルの都市発展と伝統的景観の保全、激変した首都ソウル、水原市の昔といま、仁川広域市は首都圏最大の港湾都市、大田広域市は大きな田んぼが科学技術の町へ、忠清北道の清州市の旧市街地と新市街地、釜山広域市は日本と関係が残る、ナンバー3の大邱市は中小企業の町　執筆陣は阿部和俊、轟博志、藤塚吉浩、細野渉、沈光澤、北田晃司、山元貴継、神谷浩夫。ISBN978-4-7722-5213-3　C3325

都市の景観地理　中国編
阿部和俊・王徳編
B5判　本体2500円+税

★話題の中国、知名度のある都市を語る

オリンピックで中国の情報が一段と増えた。中国の都市についても主な都市は身近になった。歴史、景観変化、その特徴をとらえて紹介する。若手中国人研究者も含めた執筆陣による中国8都市の最新の都市景観論。

［主な内容］1社会主義中国の首都北京　2激変のつづく北京の都市景観　3国際都市上海　4東シナ海の臨港新城　5江南の古都武漢　6華中の大都市武漢　7黄河にはぐくまれた都市蘭州　8無錫　9蘇州の農村景観　10高原水郷都市麗江古城

執筆陣は阿部和俊、山崎健、前川明彦、王徳、陳為、劉雲、範凌雲、程国輝、唐相龍、劉律、蔡嘉璐、杜国慶。
ISBN978-4-7722-5214-0　C3325

都市の景観地理　イギリス・北アメリカ・オーストラリア編
阿部和俊編
B5判　本体2800円+税

★歴史と景観、社会と景観、観光と景観、景観をまもる動きなど様々な視点で考える

イギリス、カナダ、メキシコ、アメリカ、オーストラリアの5カ国の都市を写真とともに紹介する。行政による景観保護政策や、実際の社会地理的な側面と都市景観との関係など話題が多い。

［主な内容］1イギリス都市景観保護政策の実態　2バーミンガム市のシティセンター再生　3ボーンマスと自然環境　4トロントの社会地理と景観　5バンクーバー住宅地景観　6東西の架け橋サンフランシスコ　7ニューオーリンズの社会変化　8メキシコシティは高原巨大都市　9歴史と景観のメルボルン　10シドニーの文化観光と景観　執筆陣は根田克彦、伊東理、能津和雄、西原純、香川貴志、神谷浩夫、藤塚吉浩、原眞一、堤純、吉田道代。
ISBN978-4-7722-5250-8　C3325